历史微光中的

齐长城

济南出版社

济南广播电视台　编著

图书在版编目（CIP）数据

历史微光中的齐长城 / 济南广播电视台编著.
济南：济南出版社，2025.4. -- ISBN 978-7-5488
-7093-7

Ⅰ.K928.77
中国国家版本馆CIP数据核字第2025VY2590号

历史微光中的齐长城
LISHI WEIGUANG ZHONG DE QICHANGCHENG
济南广播电视台　编著

出 版 人　谢金岭
责任编辑　刁彦如　刘春艳　陈　新　杨中牧
封面设计　纪宪丰
版式设计　曹晶晶
出版发行　济南出版社
地　　址　山东省济南市二环南路1号（250002）
总 编 室　0531-86131715
印　　刷　济南鲁艺彩印有限公司
版　　次　2025年4月第1版
印　　次　2025年5月第1次印刷
开　　本　170mm×240mm　16开
印　　张　15
字　　数　156千字
书　　号　ISBN 978-7-5488-7093-7
定　　价　59.80元

如有印装质量问题　请与出版社出版部联系调换
电话：0531-86131736

版权所有　盗版必究

《历史微光中的齐长城》编委会

主　　任　韩　伟

副 主 任　孙世会　马　利　文东河　丁晓红　许　伟
　　　　　王来勇　陈建新

学术顾问（按姓氏笔画排序）
　　　　　刁仕军　于晓风　马国庆　王永波　王志民
　　　　　方　辉　孔胜利　田　伟　白云翔　冯　帆
　　　　　任相宏　刘　庆　刘宗元　刘海宇　刘德增
　　　　　孙　波　孙敬明　李守奎　李　超　吴志亮
　　　　　杨红林　杨金泉　邱文山　张从军　张亚光
　　　　　张华松　张国红　国光红　庞晓霞　胡德定
　　　　　郦　波　宫长为　袁永生　耿振东　崔大庸
　　　　　葛剑雄　董耀会　翟伯成　禚柏红　燕生东

成　　员　张东寅　卫志忠　孙佳音　康与江　扈长举
　　　　　王　弢　孙其秀

编　　务　张孝林　杨辰歆　于志伟　宋方略　李鹏罡
　　　　　吕亚卓　贾维国　孙伟庆　曹建民　王守学
　　　　　唐加福　房立民　高金辉　杜　澍　李咏梅
　　　　　韩　特　宫德杰　孙建修　李现新　姜应松
　　　　　宋晓静　李莉莉

前　言

中央广播电视总台纪录频道（CCTV-9）播出的纪录片《齐长城》，由中共济南市委宣传部、济南市文化和旅游局、济南广播电视台联合摄制，济南广播电视台出品。

《历史微光中的齐长城》是纪录片《齐长城》的影视同期书，分为"长城寻源""古关寻迹""古道寻商""齐地寻古""姜女寻踪""长城寻梦"六个章节，从起源、军事、经济、文化、非遗、保护传承等多个维度入手，穿越时空，探古寻幽，站在华夏文明时空坐标点上俯瞰齐长城，挖掘齐长城对后世长城的影响，寻找齐长城与齐鲁文化的渊源，展示齐长城当下的历史文化价值。

长城是中华民族的代表性文化符号和中华文明的重要象征，凝聚着中华民族自强不息的奋斗精神和众志成城、坚韧不屈的爱国情怀。长城与中华民族自春秋战国以来的发展历史紧紧联系在一起。从出土文献的文字证据、现存历史遗迹的考古证据来看，"长城"最初都是指"齐长城"。

齐长城横亘在齐鲁大地，被誉为"中国长城之父""世界壁垒之最"，与中国大地上所有长城一起，被列入世界文化遗产保护范围。齐长城西起古济水（今黄河），东至黄海，东西蜿蜒千余里，跨越济南、泰安、淄博、潍坊、临沂、日照、青岛七市，见证了清济浊河、岱青海蓝的沧桑巨变，承载着齐鲁文化的厚重底蕴，散发出独有的文化魅力。

《历史微光中的齐长城》不仅包含了纪录片中的精彩画面和访谈内容，还增加了大量的历史资料以及作者的深入解读，勾勒出了更加立体、多元的齐长城。一卷在手，读者可以更加从容地品味齐长城的历史意蕴，深入思考其背后的文化内涵。

一场穿越时空的文化之旅即将开启，仅以纪录片《齐长城》主题曲的歌词作为前言的结束，让我们轻轻翻开书页，感受来自历史深处的悠远回响：

逶迤泰沂兮，骧若巨龙；

绵亘河海兮，势贯长虹。

初肇春秋兵燹，连属战国狼烽；

三晋战车辚辚，燕赵烈马跫跫。

慨夫多少孟姜，感乎千年英雄；

穿青石关险隘，过穆陵关危峰。

因俗简礼兮，尊贤尚功；

工商立国兮，儒商化风。

古来四塞之国，今日八方之荣；

中华文化当绍，长城精神克宗。

目录

第一章　长城寻源　001

第二章　古关寻迹　059

第三章　古道寻商　105

第四章　齐地寻古　139

第五章　姜女寻踪　167

第六章　长城寻梦　195

第一章
长城寻源

骉羌编钟

年代：
战国

数量：
14 件

馆藏：
12 件藏于日本京都泉屋博古馆
两件藏于加拿大多伦多皇家安大略博物馆

扫码观看纪录片
《齐长城》第一集

引子

要说齐长城，先要说一个"废王"。

公元前 221 年的一天，齐国都城临淄天低云暗，惶恐不安的氛围在都城里蔓延。

秦国大将王贲统率的军队已经由燕国南部攻入齐国北境。秦国发动消灭六国的统一战争时，齐国国力仍然超越秦国。而且齐国西边、北边

有济水和黄河，东边有大海作为天然屏障。更重要的是，在南部的泰沂山脉一带，齐国历经几百年的时间修建了一道高大的城墙，这道城墙被称为"巨防""长城"，也就是今天我们说的"齐长城"。齐国国防可谓固若金汤。

嬴政采取远交近攻的战略，起初拉拢齐国，让其不要干预自己对其他诸侯国的征战。齐国因为有经济优势和地理优势，并未把远居西北的秦国放在眼里，因此丧失了采用合纵连横战略与他国共同对抗秦国的历史机遇。秦国先后灭掉了韩、赵、魏、楚、燕五个国家，最后秦王嬴政的统一版图上只剩下齐国这个最强大的对手了。

把难啃的骨头留到最后，这是嬴政的习惯。

嬴政深谋远虑，已经深入研究了齐国的防御措施。因此，秦军避开了齐国南部泰沂山脉上的巨防长城，灭燕之后，从北边进入齐国，直达临淄。

面对咄咄逼人的秦王，齐国最后一位国君齐王田建，深深感受到了唇亡齿寒的巨大危机。

齐王田建

秦军兵临城下,在生死存亡之际,齐王田建放弃抵抗,听从国相后胜的建议,赤膊出城,袒身求降。

两军交战场景复原

后胜其实已经被秦军收买。后胜哄骗田建,说秦王会厚待于他。事情起初的发展也确实如后胜所言。秦王嬴政将齐王田建安置在共地,田建松了一口气,他想自己终于可以不理朝政,不用面对刀光剑影和血雨腥风,过上闲云野鹤、悠然自得的生活了。来到共地之后,田建才明白,亡国之君何来尊严与自由?自己就是一只金丝雀,被秦王一只手抓进了牢笼里，而且没吃没喝。最终，田建被活活饿死。

田建史称"齐废王"，是齐国历史上最后一位国君。

至此，曾号称"春秋五霸"之首、"战国七雄"之冠的齐国灭亡了。它始建于公元前1046年姜太公时期，分为姜齐和田齐两个时代，至公元前221年被灭，历经825年。姜齐从齐太公姜尚开始，到齐康公吕贷为止，共32位国君；田齐从齐太公田和开始，到齐废王田建为止，共8位君主。

灭掉最后一个诸侯国齐国之后，秦王嬴政结束了春秋以来诸侯割据混战的局面，建立了中国历史上第一个统一的中央集权封建帝国——秦朝，开创了中国历史的新纪元。

青岛琅琊台嬴政东巡雕像

为了有效抵御北方游牧民族的侵扰，秦始皇统一中国后，把秦国、燕国、赵国的长城连为一线，修筑起西起临洮东至辽东的万里长城。在后世两千余年历史长河的演变中,万里长城逐渐上升为中华民族的精神象征,是每一个中华儿女魂牵梦萦的骄傲,被誉为世界"新七大奇迹"之一。

另一方面,秦始皇号令"堕坏城郭,决通川防,夷去险阻",包括齐国长城在内的堤防都被拆除,只有人迹罕至处的长城躲过一劫。与"书同文""车同轨"政策一样,秦始皇下令"决通川防",是为了防止六国旧势力割据,便于统一。

自此之后,齐长城在气势恢宏的秦长城的光影之下,渐渐隐入历史的尘埃。

济南长清钉头崖段齐长城

其实,齐长城的历史更久远,它诞生于秦朝万里长城横空出世的数百年前,被后世史学家誉为"中国长城之父""世界壁垒之最"。

齐长城从大河之畔起步,在群山之巅蜿蜒,至黄海之滨入海,连接起了中华民族的母亲河、五岳独尊的巍巍泰山、波澜壮阔的蔚蓝色大海,成为山东中部一条坚挺的脊梁,是齐鲁大地现存历史最悠久、面积最大的地表文物,更是中华文明绵延不绝的象征。

齐长城位于泰沂山脉之巅,以今天惯用的投入产出比来分析,在崇

济南长清钉头崖段齐长城

济南长清大寨山段齐长城

山峻岭上修筑长城,耗费大量人力物力,经济成本极高,齐国为什么要大费周章,修筑这样一道长墙呢?

> 东周王陵出土的骉羌编钟首现"长城"两字，并准确定位齐长城所处年代——公元前404年。此时的长城还是齐长城的专名，后世中国长城之名就始自齐长城。

一

1928年，中国考古学界有两大发现影响深远。一个是吴金鼎在山东省济南市章丘区城子崖发现龙山文化遗址，这是第一个由中国考古学家发现、发掘并出版考古报告的古城址。另一个是在河南省洛阳市金村发现的东周王室墓葬群。这个发现实属偶然，因为一场大雨，金村的田野里塌陷出了一个大坑，埋于地下的东周大墓被发现，盗墓贼和文物贩子蜂拥而至。当时正值军阀混战时期，人们文物保护意识缺乏，文物保护手段欠缺，金村大墓出土的八千多件国宝级文物大多数都流失海外。因此，金村大墓也被称为"中国考古界的文物之殇"。金村大墓出土的众多稀世珍宝，流失到加拿大、日本、美国、法国等十余个国家。其中，有一套14件战国青铜编钟最为引人注目。

这套编钟每件均铸有铭文，其中9件铸有四字短铭——"骉氏之钟"，5件铸有61字内容相同的长篇铭文："唯廿又再祀，骉羌作戎，厥辟

骉羌编钟

韩宗徹，率征秦迮齐，入长城，先会于平阴。武侄寺力，言敚楚京。赏于韩宗，令于晋公，昭于天子，用明则之于铭，武文咸烈，永世勿忘。"因为年代久远，史学家对个别文字的考证有不同见解，但全文的主要意思还是十分明确的。

61字铭文

4字铭文

"唯廿又再祀"为周威烈王二十二年,即公元前404年。在这一年,韩国将领骉羌跟随其宗主韩虔征秦迕齐,攻入齐国的长城,先会师于平阴,然后挺进寺力,又夺取了楚京,并且受到宗主韩虔、晋公和周天子的表彰。为了铭记这一荣誉,骉羌铸造了这套编钟。

铭文中的"骉羌"二字

铭文中出现了"入长城，先会于平阴"，这是"长城"二字首次在青铜器上出现，引起了考古学界和金石界的巨大轰动。

由于年代久远，先秦文字的字形又存在很大差异，骉羌编钟之上"长城"两个字如何释读呢？

"长城"的"长"，左边是一个"立"字，右边是个"长"字，这个"立"字代表墙，说明长城其实就是长墙。

也有学者说"长"字从"土"从"长"，"城"字从"土"从"成"，它的"土"写在"成"的下部，也就是说这两个从土的字表示的是用土夯筑的长城。

铭文中的"长城"二字

我们寻找"中国"两个字的源头，会想到何尊铭文里的"宅兹中国"。我们要寻找"长城"两个字的源头，一定会想到骉羌编钟，它是目前关于长城最早的文物考古证据。

骉羌编钟出土后，在不同买家手中辗转流传。后来，上海收藏家刘体智从他人手中购买了12件骉羌编钟。刘体智待价而沽，他想卖给当时的国民政府，但国民政府在购买骉羌编钟一事上犹豫不决。最后，日本住友财团出手，从刘体智手中得到了这12件骉羌编钟。

位于日本京都的泉屋博古馆，是日本住友财团旗下的私人博物馆，主要的藏品是中国商周青铜器，12件骉羌编钟就收藏其中。

泉屋博古馆收藏的骉羌编钟

另外两件骉羌编钟现收藏于加拿大多伦多皇家安大略博物馆。怀履光是加拿大传教士，时为河南开封圣公会主教，同时为加拿大皇家安大略博物馆收购文物。1931年，怀履光在河南收集到两件骉羌编钟，然后通过海路运抵加拿大，收藏在皇家安大略博物馆。值得一提的是，怀履光从河南洛阳收购的文物不仅仅是两件骉羌编钟，还有其他众多金村大墓出土的文物，怀履光专门出版了一本书——《洛阳古城古墓考》，详细介绍了这些文物，那两件骉羌编钟也收录其中。

清华简四次记载了"长城",其中三次齐长城,一次楚长城,不仅佐证骉羌编钟所载史实,更是将齐长城存世年代前推近40年,即公元前441年。

二

2006年冬季,有一批流失海外的战国竹简现身香港,一位清华校友出资购得这批竹简,并将其捐赠给母校。2008年7月,清华大学收藏了这批共计2496枚回流的战国竹简,并根据学界惯例将其命名为"清华简"。

这批竹简在秦统一之前就被埋入地下，未受焚书坑儒的影响。经碳十四测定，这批竹简的产生年代为公元前305年前后30年，属于战国中期偏晚。竹简上，以楚国文字记录的"经""史"类内容，最大限度地保留了先秦古籍的原貌，其中的一些史料对推断齐长城的始建年代具有重要意义。

清华简整理报告第二辑，收录了一部已经失传2300多年的历史著作，整理者把它命名为"系年"。

清华简《系年》篇第22章与骉羌编钟的内容互为印证，详细记载了公元前404年三晋伐齐的过程，三晋要求齐国"毋修长城，毋伐廪丘"。

齐宣公五十一年，即公元前405年，齐国大夫田会在廪丘叛归晋国。

廪丘故址在今天山东省菏泽市郓城县内，在春秋时期属于齐国。《水浒传》里的梁山好汉宋江就出生在这里。如今，郓城县还保留着廪丘路、廪丘县衙等历史遗迹。古人云："仓廪实而知礼节。"廪丘之名，意为"成堆的粮食多如山丘"，可见此地当年之富庶。因此，廪丘也是齐国西南边陲战略重镇。

郓城廪丘故址

田会的叛国引起齐国朝野极大的震动。为了夺回廪丘,齐国派遣大夫田布率领大军前去围攻廪丘。田会向晋国求援。于是晋国赵氏大将孔屑、魏氏大将翟角会同韩氏军队,火速增援廪丘。请注意,在这位韩氏将领的阵营中,有一位副将,就是聂羌。三晋联军与廪丘城内的田会内外夹击,一举解除了廪丘之围,然后他们乘胜追击,在龙泽(即雷泽,今山东菏泽鄄城附近)大败齐军。田布战死,齐军死亡人数多达三万人,损失兵车两千多辆。

齐国叛将田会

廪丘之战复原图

次年,即公元前404年,三晋联军乘胜攻陷了齐长城,并占领了平阴邑,然后深入齐国腹地,一直打到汧水（无考，可能为平阴与临淄之间的一条河流，今已消失）。三晋大夫逼迫齐国执政的田和、田淏签订城下之盟，盟约的中心内容是齐国以后"毋修长城，毋伐廪丘"。

三晋伐齐逼迫齐国签订"毋修长城"的城下之盟，是中国历史的一个标志性事件，其他文献也有相关记载。《水经注·汶水》引《竹书纪年》记载："晋烈公十二年，王命韩景子、赵烈子、翟员伐齐，入长城。"晋烈公十二年，即公元前404年。这场战争齐国战败，三晋联军还把齐康公抓了起来，押着他去见了周天子。

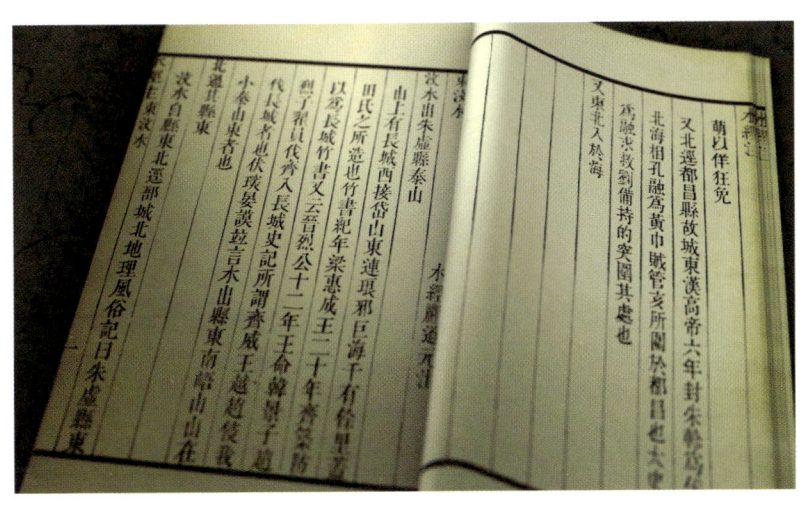

《水经注·汶水》

这里简单说一下周朝的分封制。周天子将土地按照公、侯、伯、子、男的顺序，由高到低分封给前朝后裔、亲兄热弟、有功之臣，封地称"诸侯国"，封地的君主称"诸侯"。各诸侯又对封地内的卿大夫进行分封，卿大夫再把土地分赐给更低一级的士，形成层层分封、等级森严的统治架构。

这样做也有个弊端，那就是名义上的统治者周天子，真正管理控制的土地有限，一旦诸侯势力壮大，周天子的话语权就缩小了。同理，诸侯国内，一旦卿大夫掌握足够的土地、人口和军队，控制政权，诸侯的统治便岌岌可危。韩、赵、魏三家卿大夫已经架空晋国诸侯，而周天子日子也不好过。

周威烈王此时已对天下诸侯失去了统治力，于是顺水推舟，将韩、赵、魏三家卿大夫正式册封为诸侯。此后，晋国分裂为韩、赵、魏三个诸侯国。"春秋五霸"演变成了"战国七雄"。周天子承认韩、赵、魏的诸侯地位，说明连周天子也抛弃了周礼的老规矩，这是礼乐彻底崩坏的标志。史学家把这一事件作为春秋和战国的分水岭。三家分晋之前称春秋，三家分晋之后为战国。齐长城与这个波澜壮阔的变革时代紧紧相连。

司马光的《资治通鉴》第一卷的第一句话就从这一事件开始："周威烈王二十三年，初命晋大夫魏斯、赵籍、韩虔为诸侯。"韩虔由大夫升格为诸侯，副将骉羌受到了韩虔、晋公和周天子的褒奖。"征秦迮齐，入长城，先会于平阴"，这是骉羌辉煌灿烂的人生巅峰。为了记录下这一丰功伟绩，告慰列祖列宗，保佑后代繁荣昌盛，骉羌铸造了十四件编钟。

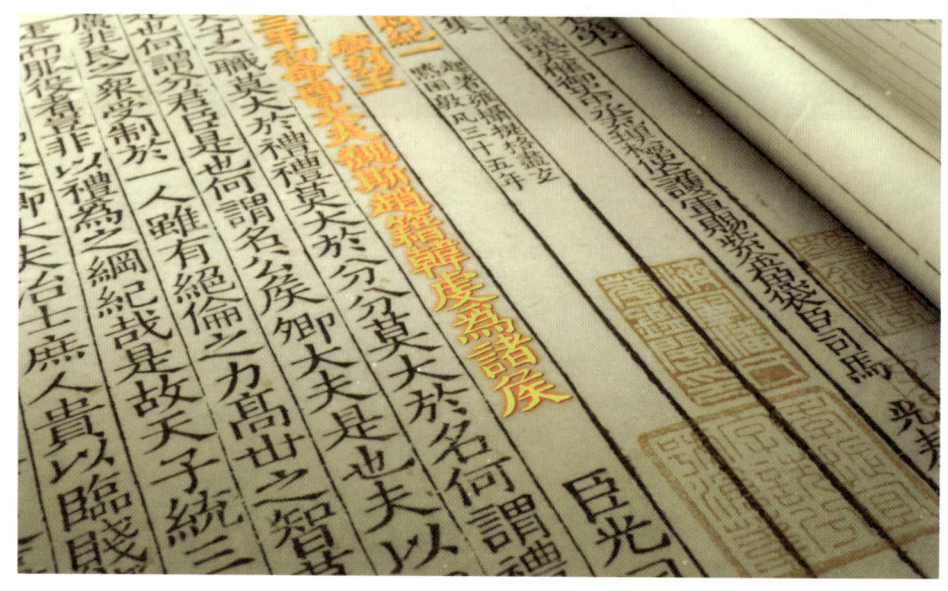

《资治通鉴》第一卷

位于"济右走廊"的古平阴邑（今长清区孝里街道）因扼控齐国西南边境通往中原的重要陆路通道和济水水道，而成为齐长城的肇始原点。

三

"入长城，先会于平阴。"长城，为什么会和平阴联系在一起？齐长城选址在古时的平阴邑附近又有什么考量呢？

现在的平阴县位于济南市西南部，被誉为"中国玫瑰之乡"，以出

古平阴邑位置图

产玫瑰和阿胶闻名于世。平阴之名源于齐国古平阴邑,古平阴邑的位置在今天济南市长清区孝里街道,也就是骉羌编钟提到的"入长城,先会于平阴"之处。

齐国,是周灭商后封给西周功臣姜子牙的封地,终周一朝,一直是东方最重要的诸侯国,后世称其为"春秋五霸"之首、"战国七雄"之冠。

齐国的腹地是以都城临淄为中心的淄潍平原,东面是烟波浩渺的渤海、黄海,南面则有逶迤起伏的泰沂山系,西面和北面是滚滚流淌的济水和黄河,泰山、黄河、济水、海洋构成了齐国最重要的天然防线,故齐国也被称为"四塞之国"。

在齐国的西南边境,也就是现在济南市长清区的西南角,流淌着古济水和它的支流。上古时期,黄河、济水、长江、淮河并称"四渎"。其中,黄河、济水的关系最为密切,黄河水黄浊,济水清澈,早在战国时期就有"济清河浊"的说法。而在很长的一段时间内,一清一浊的两条河流,携手并流入海。古代的济水,一直是沟通山东半岛和中原内陆的黄金水道。1855年,黄河决堤改道,在今天山东曹县、阳谷一带,夺古济水河道,在山东东营入渤海,济水也就消失了。山东省省会济南的名字依然铭刻着济水的历史印记。

春秋战国时期,紧邻济水东侧,是一片大大小小的山体,其中比较著名的有大峰山、黄崖山、马山、孝堂山、陶山等,这些山体都是东岳泰山的余脉,与泰山一起形成于大约25亿年前,共同组成了泰山西北山地。

在泰山西北山地与济水故道之间,有一条西南东北走向的狭长冲积平原,它是齐国沟通中原诸国的咽喉要道,周朝的周道、秦朝的驰道以及后世的驿道都从这里通过。这条大通道因在济水右岸,济南社会科学院的副院长张华松先生把这条走廊叫作"济右走廊",得到学界广泛认可。

世上本没有路,走的人多了,也就有了路。古人走的路都是沿着河

济右走廊

岸开辟出来的。济右走廊平坦的地势为古代战车通行创造了有利条件，因此成为齐国到中原地区的一条最重要的交通线路。

历代齐国国君的战略目光，都未曾离开过这条陆路大动脉，齐桓公尊王攘夷，九合诸侯，一匡天下，他所主导的一系列征伐和会盟，大都经过这条济右走廊。为此，他把心腹大臣管仲分封于谷（今山东聊城东阿），把高傒分封于卢（今山东济南长清卢城洼），把鲍叔牙分封于鲍（今山东济南鲍山附近），把宁戚分封于宁（今济南章丘东北）。这些城邑沿济右走廊一线排开，成为拱卫国都临淄的一个个重镇。

平阴邑，正处齐国西南边境、济右走廊南端的最狭隘处，扼控济右走廊和济水水道两条交通大动脉。

今天的济菏高速、220国道均从济右走廊经过。济南市长清区孝里街道的广里村，在古济水、今黄河东岸，220国道从村东穿过。紧靠220国道、广里村以北的农田里，自西向东横卧着一道土垄，长约170米，顶宽18~23米，底宽25~28米，残高2~3.5米，这就是齐国修建的夯土长城遗迹，骉羌编钟记载的就是这条长城。

夯土长城遗迹　　　　　　　　　夯土长城剖面图

以今天的视角来看，齐长城从这里起步，向东越过220国道和济菏高速，攀上陡岭子山之后，沿着泰沂山脉蜿蜒东行，途经济南、泰安、淄博、潍坊、临沂、日照、青岛七市，横跨1500多座山峦，穿越16座关隘，绵延641.322千米，至青岛西海岸东于家河村奔入黄海。

济南长清钉头崖段齐长城

青岛月季山段齐长城

沂水穆陵关段齐长城

那么,千里齐长城究竟是什么时间开始修筑的?骉羌编钟和清华简所记载的公元前404年,是齐长城的始建年代吗?

中国有明确文字记载的第一场大海战是公元前 485 年的吴齐海战，此战清晰标注了吴、越、楚等南方诸侯国觊觎齐国、问鼎中原的征战路径，也是东南段齐长城的修建动因。

四

清华简《系年》的第 20 章还记载："晋敬公立十又一年，赵桓子会诸侯之大夫，以与越令尹宋盟于巩，遂以伐齐。齐人焉始为长城于济，自南山属之北海。"

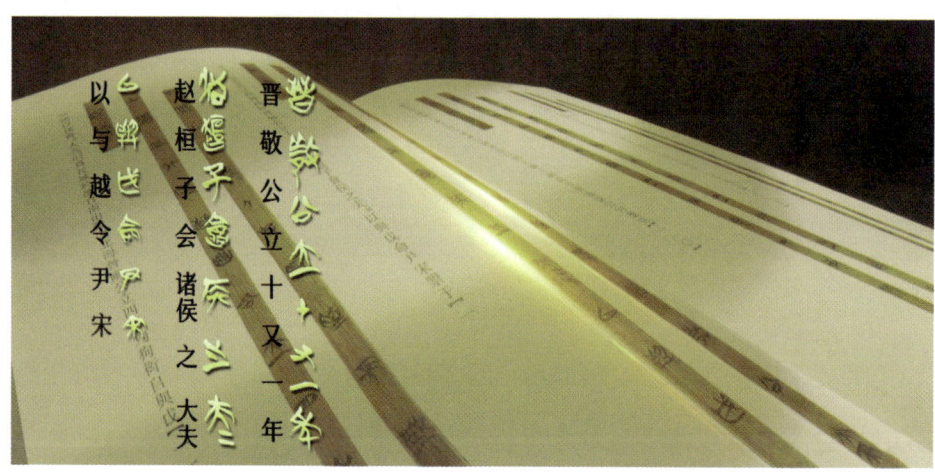

清华简《系年》第 20 章

"晋敬公立十又一年",即公元前441年,晋国和越国在巩这个地方会盟之后,相约讨伐齐国。"齐人焉始为长城于济,自南山属之北海",说明齐长城从南山修到了大海。

这里有两个冷知识,一是,北海是指哪个海?有专家认为,北海指渤海,并由此推测,齐国历史上还有一条沿着古济水的河防长城,这条长城修到了渤海,但是由于黄河夺济水河道,这条河防长城被淹没,目前找不到考古证明。反对的专家则言之凿凿地说,从清华简作者(楚国人)的视角来看,北方的海都是北海,河防长城的推断不成立。最典型的证据就是《左传》中记载齐桓公伐楚国的时候,楚国使者说"君处北海,寡人处南海,唯是风马牛不相及也"。此处的北海、南海均为泛指。

对于以上学术分歧,我们尊重各位专家的学术自由和观点立场,无权做出对错判断。

另一个冷知识是,"属"此处读音为 zhǔ,表示"连接"的意思。

清华简中"齐人焉始为长城于济,自南山属之北海"的记载,对学者研究中国长城起源具有极其重要的历史价值。这段文字明确了齐长城

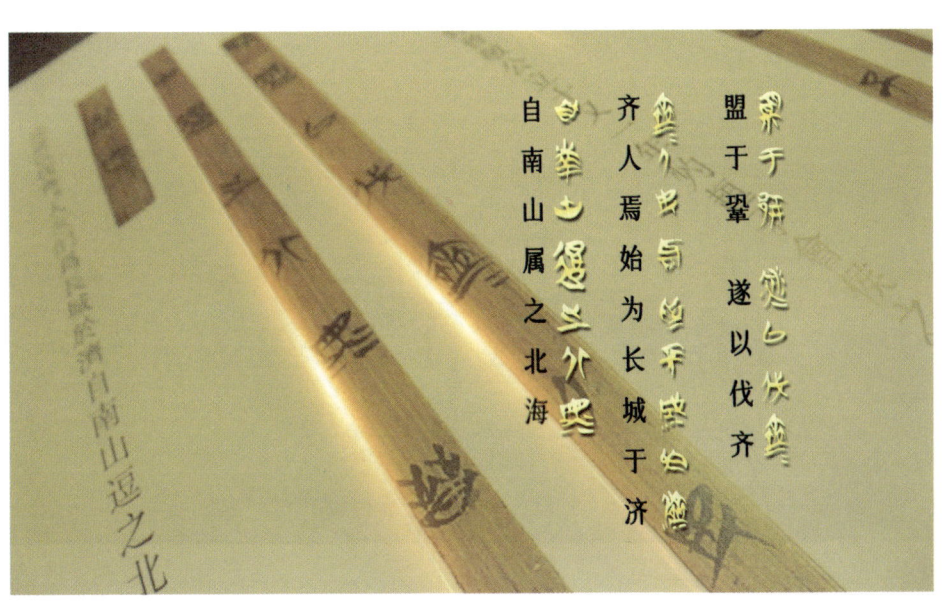

的修建时间,即公元前441年,这是目前已知关于中国长城始建年代的最早、最确切的记录。

如果说,在济右走廊平阴邑修长城是为了防止晋国和鲁国的进攻,那么齐国为什么要把长城从济水之畔的平阴邑,沿着南山修到大海呢?

关键原因是,齐国的东南方受到了吴国、越国的威胁。

从春秋末期开始,位居"春秋五霸"之列、地处东南沿海的吴国和越国相继崛起,先后北上争霸中原。吴国和越国的中原争霸,都采取了"联合晋国、攻击齐国"的策略。在这样的背景下,齐国在泰山以西的济右走廊等关隘要道设置的巨防长城,已远远不能满足齐国的国防需要。构筑一条西起济水、东到大海的防御工程,就迫在眉睫了。

琅琊,齐国东南濒海重镇,故址在今天山东省青岛市黄岛区的琅琊镇。然而,有一个谜题困扰了史学家们很久,琅琊是齐国东南方向重要的海防要地,齐长城却修建在它的北面,齐国为什么要把琅琊排斥在齐长城之外呢?

青岛琅琊台

之所以这样，和越国北上占领了琅琊有关。要说清楚越国北上，还要先讲讲吴齐海战。

公元前485年，踌躇满志的吴王夫差出长江口，沿海岸一路劳师北上伐齐。齐国300艘海船列阵琅琊台，以逸待劳，齐舰用冲角猛烈撞击吴船。同时，齐军火箭齐发，焚烧敌船，一时间火光映红海面，吴军大败。

就在邻近吴齐海战古战场的山东省平度市，人们在20世纪60年代发现了一把刻有铭文的吴王夫差剑，斑驳的剑身仿佛默默讲述着吴齐两国兵锋相见的历史。

线描画《中国古代首次大海战》 常一诺绘（山东博物馆藏）

这把吴王夫差剑现被收藏于山东博物馆，属于国家一级文物。吴王夫差一生曾多次讨伐齐国，这把剑可能是作为齐国获胜的一个战利品就留在了齐地。

吴王夫差剑（山东博物馆藏）

吴齐海战是中国历史上有文字记载的第一场大海战，也是中国古代海防建立的标志。齐国构建的濒海防御设施，就是齐长城东端最早的雏形。

青岛琅琊台清朝炮台遗迹

艾山古称"艾陵"，位于今天的济南市钢城区，山间矗立着一座艾陵之战的大型浮雕。公元前484年，不甘失败的吴国联合鲁国再次攻打齐国，双方在艾陵激战，齐军大败，十万将士战死。

"艾陵之战"浮雕

济南钢城艾陵山

吴国常年穷兵黩武，国力日渐衰落，越王勾践卧薪尝胆，举兵灭吴，夫差亡国自尽。勾践灭吴第二年，即公元前472年，越国将国都迁至琅琊。

我们前面已经说过，清华简记载的是公元前441年，晋国和越国攻打齐国，齐人修筑从南山到大海的长城。历史的脉络逐渐清晰，公元前472年，越国占领琅琊，过了31年，即公元前441年，齐国为了防备越国，不得已修筑了东南段齐长城。因为此时琅琊已经被越国占领，所以齐长城只能修筑在琅琊以北。

这一时期齐长城残存的遗址，主要分布在青岛西海岸、莒县、五莲、诸城、沂水、临朐、安丘等地，构造形式以夯土、土石混筑为主。

莒县东莞段齐长城

诸城与五莲之间的马耳山

  这些留存了 2400 多年的地表遗迹可以清晰地佐证清华简的相关记载，那么公元前 441 年是不是齐长城的始建年代呢？

> 有学者认为,"春秋五霸"之首的齐桓公(在位时间公元前 685 年~公元前 643 年)最有实力修建齐长城,可史籍记载的发生在公元前 589 年济右走廊的鞍之战并没有提到齐长城,倒是给后人留下了"三周华不注"的忠勇故事和《鹊华秋色图》的文坛韵事,但济右走廊的"国门"防务肯定被提上日程。

五

春秋时期,周王室衰弱,齐、晋、楚、越、吴等诸侯国征战攻伐,"春秋五霸"先后登上历史舞台。齐桓公尊王攘夷,九合诸侯,一匡天下,北击山戎,南伐楚国,成为天下诸侯的霸主。

有学者认为,齐长城最初应修建于春秋齐桓公时期,也就是其在位的公元前 685 年至公元前 643 年之间。在这一时期,齐国无论从国力还是政治、经济、军事角度,都足以修筑齐长城,即使还没有完全连接成线,重要的关口、平地、坡地也应都已设置了堤防、城墙等防御设施。管仲辅佐齐桓公成就了春秋霸业,《管子·轻重丁》记载:"长城之阳,鲁也;长城之阴,齐也。"这似乎是齐长城修筑于齐桓公时期的佐证。但是,《管子》是一本成书于战国时期的管子学派言论汇编,作者并非管仲。因此,学界对其历史记载的可信度还有争议。

除了《管子》,还有其他文献能证明齐桓公修筑长城吗?我们继续

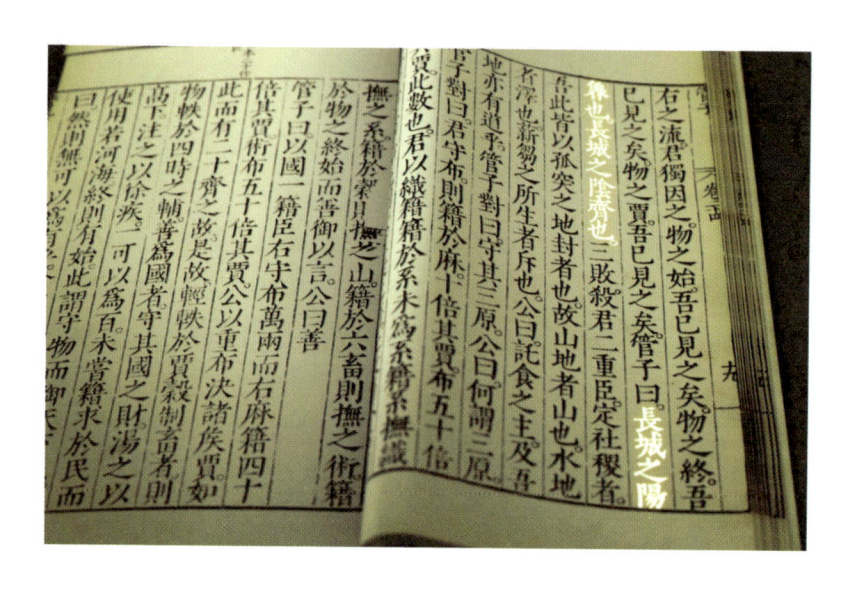

查阅资料，想从《左传》里找到蛛丝马迹。《左传》记载的鞍之战，发生在济右走廊上，时间是在齐桓公去世后，如果齐桓公修建了长城，左丘明不会略而不记吧？

公元前643年，齐桓公去世，齐国霸业迅速衰弱，地处太行山以西的晋国逐渐强盛。公元前632年，晋文公在城濮之战中以少胜多，大败楚军，并召集齐、宋等国会盟，成为"春秋五霸"中第二位霸主，开创了晋国长达百年的霸业。鲁国、卫国、宋国等小国纷纷投靠晋国，拥护晋国的霸主地位。

公元前589年爆发了齐晋之间的鞍之战，此时距离齐桓公去世已经54年了。

鞍之战的起因是齐国国君齐顷公攻打鲁国的北部边疆龙邑，攻下龙邑后齐军继续南下。卫国不自量力，派兵攻齐救鲁，被齐国打败。鲁国和卫国同时向晋国求援。晋国当然不能看着鲁国和卫

国被欺负置若罔闻,于是应邀出兵,派正卿郤克率兵车八百乘出击救援。根据《左传》的描述,这一年4月29日,晋军尾随齐军抵达莘地,也就是今天的山东莘县东北;6月16日,晋军在靡笄山下追上齐军,这里已经是齐国的地盘。

靡笄山,即今天的小峨眉山,在济南市西部的槐荫区,槐荫区与长清区毗邻,属于济右走廊的一部分。

同年6月17日,晋军与齐军在鞍地决战。

鞍,即今天济南市天桥区北马鞍山。

晋军的这次军事行动,从莘地一路尾随齐军追到靡笄山,势必要横渡济水,过了济水就进入济右走廊,然后长驱直入齐国西部历下邑附近,再往东便可直抵齐都临淄城下。

也许是被此前的胜利冲昏了头脑,齐顷公并未在济右走廊设防,而且在鞍地出战时轻敌,马不披甲,人不吃早餐,号令灭了晋军再吃早饭,因此留下了一个"灭此朝食"的成语。齐顷公让逢丑父为他驾战车,与晋国郤克率领的八百乘战车交战。

西周以后的战车由四匹马驾挽,故称"驷马战车",中间两匹称"服马",两侧的叫"骖马"。车上三名车兵呈"品"字形站立,中间的负责驾车,称"御";车左侧偏后的以弓箭为主要兵器,负责远距离射杀敌人;车右侧偏后的用戈、矛等长柄兵器,在两车冲锋左旋错毂时,近距离与敌人格斗,称"车右"或"戎右"。

如果是统帅所乘的指挥车,则统帅居中,御居左,戎右在右。

鞍之战场景复原

　　战车作战还需要徒兵（步兵）配合。有学者研究，西周至春秋前期，一乘战车配备甲士七人，徒兵十五人；春秋中期以后，一乘战车最多配备七十二人协同作战。可以说，一乘战车就是一个作战单位。

　　齐顷公居战车中间，邴夏为其驾车，逢丑父为戎右。齐顷公指挥战车冲向敌阵。晋军在郤克统率下毫不退缩，齐军大败。晋军挥师追击，他们绕着华不注山追了三圈，齐顷公的战车被晋军中军司马韩厥追上，

"三周华不注"场景复原

逢丑父和齐顷公在战车上互换了衣服，交换了位置，韩厥以为逢丑父就是齐顷公，将其俘虏。逢丑父命令伪装成戎右的齐顷公去华泉打水，齐顷公侥幸逃脱。这就是《左传》记载的赫赫有名的"三周华不注"的故事。

1800多年后，公元13世纪的元朝，曾任济南路总管府事的赵孟頫回到家乡浙江湖州，为济南籍好友周密讲述了《左传》记载的鞍之战中"三周华不注"的故事，并为其画了一幅《鹊华秋色图》，画中山势峻

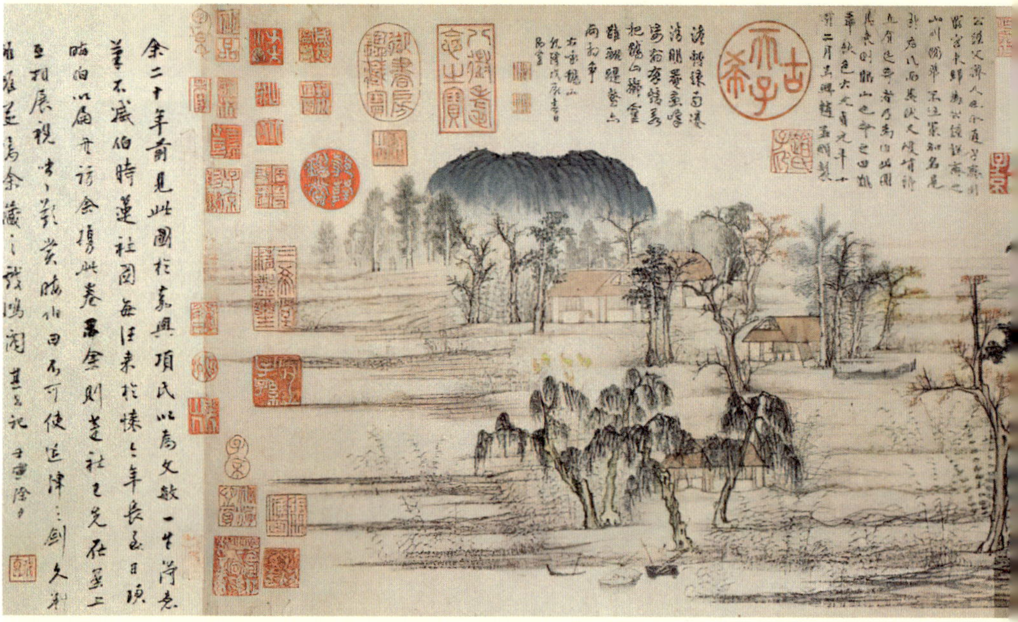

赵孟頫〔元〕《鹊华秋色图》

峭者是华不注山，圆平顶的是鹊山，此画现存于台北"故宫博物院"。

今天的华不注山已经被修建为华山风景区，小清河、黄河环绕两侧，华不注山上有华阳宫，供奉忠君的逢丑父。《左传》关于鞍之战的文字记载与赵孟頫的《鹊华秋色图》交相辉映，成为济南华不注山的历史文化名片。

济南华山（华不注山）

华不注山北侧是济青高速公路，从济南到淄博段，地势平坦，一马平川。公元前589年，晋军就是沿着一条与济青高速公路大致平行的路线，驾驶滚滚战车，由西往东一路追至齐都临淄。齐顷公派上卿国佐与晋军和谈。

鞍之战还有一个背景，晋军主帅郤克是驼背，公元前592年，郤克出使齐国，因为郤克驼背，齐顷公的母亲萧同叔子从楼上观看而发笑。被嘲笑后，郤克非常生气，表示一定要报复齐国。

当时兵临城下，郤克提出一定要让曾经嘲笑自己的萧同叔子做人质，还要齐国将田垄全改成东西方向，那么以后齐晋开战时，西边的晋国战

车就不会被南北向的田垄所阻挡，就能长驱直入齐国了。这两个条件齐国很难接受，双方争执不下，最后以齐国归还此前攻占的鲁国、卫国的疆域为条件，晋军撤兵。

田垄改向示意图

《左传》关于鞍之战的描述十分详细，却没有任何关于巨防、长城、长垣、长墙的记载。那时的济右走廊几乎没有设防，齐国国门洞开，所以晋国战车才得以长驱直入，直抵齐国都城临淄。

这次鞍之战惨败，是自姜太公立国、齐桓公称霸以来，齐国面临的最严重的军事危机。痛定思痛后，齐国上下对济右走廊的战略地位和国防意义应该有了充分的认识，这促使齐国考虑加强西南边境的防御，为西段齐长城的修筑奠定了基础。

鞍之战大败，齐顷公幡然悔悟，开始励精图治。汉朝大儒董仲舒这样评论齐顷公："自是之后，顷公恐惧，不听声乐，不饮酒食肉。内爱百姓，问疾吊丧；外敬诸侯，从会与盟。卒终其身，家国安宁。"

在鞍之战之后30年的时间里，齐国一直委曲求全，不再挑战晋国的霸主地位，而是重点加强了济右走廊的军事设防和经营，先后在济右走廊营建或扩建了历下、平阴、郱、京兹、卢等城邑。这些城邑都成为济右走廊上的重镇，齐国从而在国境的西南方向构建起了一道相对坚固的国防线。

不久之后，一场血雨腥风的战役打响，齐长城即将在刀光剑影中登上历史的舞台。

> 公元前555年,《左传》不吝笔墨记载的"平阴之战"在济右走廊爆发,自此,齐长城以"巨防"和"巨防长城"之名始载典籍。中国长城学会名誉会长、老一辈革命家王定国曾到访齐长城,亲笔题写"长城之源"。

六

晋国再一次兴师动众讨伐齐国,源于溴梁会盟期间结下的"梁子"。你能想象吗?这个"梁子"和唱歌作诗有关。

公元前557年,溴梁会盟期间,晋侯与各路诸侯在温地举办了一场宴会。在宴会上,齐国大夫高厚"歌诗不类",字面理解就是不合规矩。晋国执政大臣荀偃很生气,就说了一句:"看来诸侯有叛离盟主的意思啊!"高厚见势不妙,赶紧逃回了齐国。此时,距离鞌之战仅仅过去30多年,齐国还处在韬光养晦、委曲求全的阶段,时时处处谨小慎微。这一次,晋国显然是故意挑刺,找个借口再度"修理"齐国罢了。

于是各诸侯结盟,立誓讨伐不忠于盟主晋国的齐国。晋国有了鞌之战胜利的底气,再加上其他诸侯国的煽风点火,认为把齐国当作破鼓再捶打一下轻而易举。

但是,事情总有两面性,瘦死的骆驼比马大。齐国一直在精心准备。

公元前555年，以晋国和鲁国为首的十二国联军，浩浩荡荡杀向济右走廊。面对来势汹汹的诸侯联军，齐灵公吸取了父亲齐顷公鞍之战失败的教训，早就做好了"御敌于国门之外"的准备。他把太子光留在国都临淄监国，自己御驾亲征，集结了全国几乎所有的战车，奔赴战争最前沿的济右走廊，在平阴邑进行周密布防。

公元前589年的鞍之战，晋军就是沿着济右走廊侵入齐国的，所以这次诸侯联军再走济右走廊时，可谓驾轻就熟。但是，这一次，齐灵公已经在济右走廊做好了充分的防御准备。

平阴邑的北侧有一道低矮的丘陵横亘东西，济水北流到此受到阻隔，形成了一片湖泊，这便是中古时期的湄湖。平阴邑侧临济水和湄湖，每到汛期，水患频发。

济南长清平阴邑湄湖遗址

为避免平阴邑和济右走廊受到水患的侵扰，齐国人在平阴邑的西面和南面修筑了一条拦水的"防"，也就是今天所说的堤防、堤坝。堤防上修建了一道供车马和行人出入的大门，谓之"防门"。

"防门"场景复原

齐灵公防御诸侯联军的策略很明显，那就是以平阴邑为大本营，以防门为前哨，构建起梯次递进、纵深交叉的防御体系。

齐人修建"防门"场景复原

关于平阴邑的防御部署，《左传·襄公十八年》是这样记载的："冬十月，会于鲁济，寻溴梁之言，同伐齐。齐侯御诸平阴，堑防门而守之，广里。"

所谓"堑防门",就是在平阴邑南面的防门外侧挖掘一道堑壕,并引济水作为防门的护城河。"广里"即宽一里,也有学者认为"广里"是地名,今天长清区孝里街道还有广里村。从堑壕挖出的泥土加筑在原来的"防"上,使保护平阴邑的堤防更高大、更坚固。于是,平阴邑南面这道作为水利工程的拦水堤防,就变成了阻止敌人进攻的军事防御工程——巨防。

济南长清平阴邑巨防场景复原

由"防"演变进化到"巨防",是量变,更是质变。巨防,就是一道地地道道的夯土长城,它是齐长城的起点,也是中国长城的雏形。

当时随军的齐国宦官夙沙卫对这段军事防御工程很不以为意,他对齐灵公说:"不能战,莫如守险。"他认为,如果不能交锋取胜,那么就应该固守平阴邑以及附近的京兹(约在今济南市长清区东南境)、郚(今济南市长清区五峰山地区)、卢(今济南市长清区归德地区)等城邑。齐灵公没有采纳夙沙卫的建议。

自踏上济右走廊后,诸侯联军庞大的战车长队如入无人之境。

突然,一道高大的巨防阻挡了诸侯联军的去路。于是,诸侯联军强攻防门,齐军坚守迎战。虽然齐军死伤甚重,但防门仍未被诸侯联军攻破。

诸侯联军行动受挫,便摆开了疑兵阵。他们在巨防以外的山丘和沼泽地上遍插旌旗,又驱赶数十辆战车拖着树枝在空地上纵横驰奔。一时间,巨防外的山野间尘土飞扬,人喧马嘶,好似有千军万马正源源不断地奔赴战场而来。

"疑兵阵"场景复原

齐灵公"堑防门而守之广里"时，他是住在平阴邑指挥部的。为了观察敌情，齐灵公从北门出去，登上了几里外的巫山。

现在，巫山已经改名为孝堂山。因为从汉朝开始山上建有孝子堂，遂得此名。孝堂山祠堂建造于东汉初年，是中国现存最早的石筑房屋地面建筑。

济南长清孝堂山祠堂

祠堂内石筑房屋

公元前555年十月的一天，寒风凛冽，战事胶着，齐灵公惴惴不安地登上巫山向南眺望。他被诸侯联军战车滚滚、烟尘蔽日的疑兵阵吓得六神无主。同时，诸侯联军还采用心理战，派人给齐灵公送来密报，谎称另一支联军已经绕开济右走廊上的平阴邑，从泰山东侧进攻，直指齐国都城临淄。

齐灵公担心国都被占领，放弃平阴邑回援临淄。齐灵公也因此丧失了与联军在巨防长城决战的机会。

诸侯联军作战布局图

诸侯联军进入平阴邑。然后，晋国中军攻打京兹，晋国上军攻打卢，晋国下军攻打邿，京兹和卢被攻克。

卢国故城遗址在今天济南市长清区归德街道卢城洼。

济南长清卢国故城遗址

邿国墓地遗址位于今天济南市长清区五峰山脚下，处于三面环水的高台上，当地百姓称之为"仙人台"。仙人台的位置在齐长城北侧10多千米处。

济南长清邿国墓地遗址

1995年，山东大学对该遗址进行了发掘，在一处墓葬中发现了七鼎和方壶等诸侯葬制文物，这次发掘被列入当年中国十大考古新发现。

郱国七鼎　　郱国方壶

郱国和卢国两处遗址，印证了平阴之战的历史记载，准确地锁定了平阴之战和长城巨防的地理位置。

《左传》记载，公元前555年十一月初一，晋军进入平阴追赶齐军，齐国宦臣夙沙卫驾着大车殿后，大将殖绰、郭最嘲笑让宦官殿后是齐国的耻辱，便代替夙沙卫殿后。怀恨在心的夙沙卫为了报复，就在小路狭窄的隘口杀掉几匹战马，堵住道路，将殖绰、郭最挡在后面，诸侯联军追来，轻而易举就把他俩俘虏了。

夙沙卫杀马塞路的隘口即今天济南市长清区马山与归德交界的石门。今天的石门已不复当年的样貌，但两山夹峙的这条小路还能让人遥想当年"杀马塞道"的春秋故事。

公元前554年正月，诸侯联军开始西撤，平阴之战以齐国大败告终。同年五月，雄心勃勃的齐灵公壮志未酬，带着兵败的耻辱和满腹的遗憾离开了人间。

齐国的失利，不能说明巨防不起作用，只能说明齐灵公临阵脱逃，导致军心动摇。从《左传》的记载来看，巨防是起到了御敌作用的。

齐顷公和齐灵公父子两人都败于晋国。

济南长清石门

自此之后，"巨防"成为齐国的标志之一。齐长城在文献中往往被写成"长城巨防"或者"巨防长城"。《韩非子·初见秦第一》中有这样的描述："齐之清济浊河，足以为限；长城巨防，足以为塞。""巨防"是齐长城的初名，"长城"是齐长城的专名。

2000年4月，中国长城学会发起人之一、中国长城协会名誉会长、老一辈革命家王定国来济南考察齐长城源头，亲笔题词"长城之源"。

《史记·楚世家》记载："齐宣王（在位时间公元前320年～公元前301年）乘山岭之上筑长城，东至海，西至济州千余里……"若从公元前555年算起至公元前301年，齐长城全线贯通历时250多年。而各国长城大多于公元前300年前后始建，普遍晚于齐长城约200年。

七

史学界一般认为，齐国首先修筑西南段长城防备三晋和鲁国；然后修筑东南段长城，防备吴国和越国；最后修筑南段长城，防备楚国。南段长城是齐长城的最后一块"拼图"，那么，修筑这段长城的齐王是谁呢？

战国初年，楚国实力上升，不断北征至海岱地区，先后灭掉了邾、杞、莒等国，并把越国的势力也赶了出去，取得了琅琊一带的领土，直接危及齐国，于是齐国又修建了南段长城，以防楚国。

齐康公是姜姓齐国最后一位国君，于公元前404年即位，也就是骉羌编钟记载的三晋伐齐那年。

齐康公在位26年，任用田和为相，正是田和与三晋联军在公元前404年签订了"毋修长城"的盟约。后来，羽翼丰满的田和废掉齐康公，篡夺王位，具体过程概述如下：公元前391年，田氏"迁康公于海上，食一城"，后来，一城也被收回，齐康公于公元前379年去世。公元前

386年，田和得到了周天子册封，"列于周室"，田和仍沿用齐国名号，史称"田氏代齐"。

"田氏代齐"与"三家分晋"的过程如出一辙，都是卿大夫势力膨胀，然后架空诸侯，作为国家共主的周天子实力衰微，为了保全自己，只能对卿大夫进行册封。分封制的弊端已经暴露无遗。

齐威王，是田齐历史上最有作为的君王，他怀揣"一鸣惊人""一飞冲天"的志向，虚心纳谏，励精图治。为一雪前耻，再造霸主雄风，齐威王彻底撕毁了其祖父田和签订的那份"毋修长城，毋伐廪丘"的城下之盟，开始大规模修建长城。

《水经注》引用《竹书纪年》的记载："梁惠成王二十年，齐筑防以为长城。"梁惠成王二十年，即公元前350年，齐威王仍然沿用了修筑堤防作为长城的防御方式。

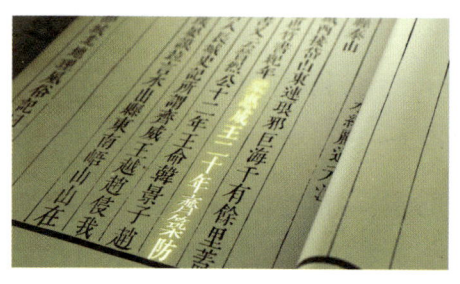

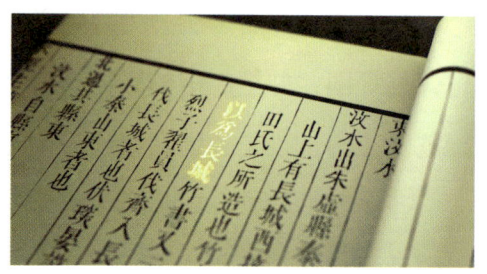

齐威王去世后，齐宣王继位。齐宣王在位时间为公元前320年至公元前301年。《史记·楚世家》引《齐书》的记载："齐宣王乘山岭之上筑长城，东至海，西至济州千余里，以备楚。"这是历史文献第一次明确记载齐长城的长度，这里记载的长度与今天文物工作者的测量结果大体一致，也说明齐宣王在位时齐长城全线大功告成，具体时间不会晚于齐宣王去世的公元前301年。如果从公元前555年平阴之战算起，齐长城历经250多年才连接贯通。

战国时期尤其是战国中期以后，各种农业和手工业的工具已普遍采用铁制。齐国是当时中国的冶铁中心和铁制工具制造中心。铁制工具的普及和使用，为齐宣王在山岭之上大规模兴建石砌长城提供了技术支持和物质保证。

现在我们能见到的泰沂山脉上的原始石砌长城大多应是齐宣王时期所筑。

泰山北麓，有一座山崖名为"老鸹尖山"。巨龙般的齐长城从西北方向的大寨山蜿蜒至此，再往东却没了踪迹。

济南长清老鸹尖山段齐长城

传说，当年在悬崖峭壁上修筑长城困难重重，不时有民夫摔死摔伤，监修长城的将军为了减少伤亡，禀报齐王要求停修此段长城。齐王一怒之下，砍了将军的头颅钉在山崖上示众。为了纪念这位为民请命的将军，当地百姓将老鸹尖山改名为"钉头崖",钉头崖所在的大山也被称为"将军山"。

修筑长城场景复原

面对崇山峻岭,虽有齐王的逼迫,齐长城还是没有修到钉头崖上。钉头崖下面的齐长城,历经两千多年的岁月洗礼,昔日坚实挺拔的石砌身躯已大部分倾塌,但我们依然能据此想象当年它盘桓山间的伟岸雄姿。

济南长清钉头崖段齐长城

从此，齐国开创了一种新的长城构造形式——山险墙。当地百姓说："长城修到钉头崖，一降四十里。"意思是指从钉头崖往东大约40里，没有人工筑造的齐长城遗迹。这一没有长城遗迹的地段处在泰山北麓，重峦叠嶂、峰岭险峻，在其上修筑长城困难重重，从战争防御的角度来讲，此处不修长城也可以起到御敌的作用。这样以山险代替长城的形式在齐长城章丘段、莱芜段、博山段、淄川段都有体现。

淄川劈山山险墙

淄川马鞍山山险墙

对长达千余里的齐长城而言，山险也是一种墙体，故叫山险墙。借用陡峭的山峰，利用山险阻挡敌人，是齐国的发明创造。后世修建的长城基本沿袭了齐长城的建筑原则，就地取材，以险制塞。从建筑形式来说，齐长城有夯土、土石混筑、石筑、山险墙四种形式。

济南莱芜霹雳尖山山险墙

关于齐宣王，后世流传最广的除了南郭先生滥竽充数的故事，还有齐宣王迎娶丑女钟离春为王后的故事。齐宣王采纳这位丑而有才的王后建议，"拆渐台，罢女乐，退奸佞，选贤才"，史称"齐国大治，丑女之功也"。我们不知道齐宣王子承父业，继续修建齐长城，是否也有丑女钟离春的功劳，但齐长城至齐宣王时期已绵延千里，却是不争的事实。

那位传说中在钉头崖斩杀筑城将军的齐王，也许就是齐宣王。

齐长城对其他诸侯修筑长城也起到一种示范作用。战国时期，各国长城的修建年代大多集中在公元前300年前后，比齐长城的始筑年代普遍晚200年左右，即便修建时间较早的秦国东长城也比齐长城晚了150年左右。

放眼世界，齐长城也比公元前122年罗马帝国在英格兰修建的哈德良长城早400余年。齐长城号称"中国长城之父""世界壁垒之最"当之无愧。

济南长清钉头崖段齐长城

1987年，中国长城被列入《世界遗产名录》，齐长城作为中国早期长城的代表，与有荣焉。自此之后，包括齐长城在内的中国大地上的所有长城，都被纳入了世界遗产保护

范围。

齐长城见证过三晋战车、吴越之剑、燕赵烈马，在一次次的征战、攻守、防御之后，齐长城最终没能挽救齐国灭亡的命运。秦统一六国后，秦始皇看透了分封制导致诸侯割据的一系列弊端，大力推行郡县制。中国历史由大分裂时代进入大一统时代。

长城与中华民族的发展历史紧密相连，"长城"两个字不仅仅镌刻在清华简、骉羌编钟之上，也深深印刻在中华民族的历史和血脉之中。

第二章
古关寻迹

齐长城刻画石

国家一级文物

发现时间:
1982 年

发现地点:
山东潍坊诸城段齐长城残存的墙体中

扫码观看纪录片
《齐长城》第二集

引子

千里齐长城，盘桓高山峻岭，跨越深沟峡谷，16座关口要隘犹如锁钥，起到平时往来交通、战时防御敌人的作用。清代嘉庆年间出版的《肥城县志》记载了李廷桂的诗句，对长城和重关进行了描述：

连峰开五岭，绵亘绕重关。

曲径随流水，长城锁乱山。

晴添丹嶂外，人在翠微间。

历经两千余年历史沧桑，这些关口还存有遗迹吗？

齐长城途经关口

> 关城锁钥，守备古道；关关相连，遂起长城。青石关，浓缩了齐长城两千多年的历史，长勺之战，一鼓作气，隆隆战鼓声已化作琅琅读书声回荡在关旁学校的课堂上。

一

青石关，是齐长城上唯一还存有关城遗迹的关口，也是唯一留有早期影像的要隘。皑皑白雪映衬着关和城苍凉的身影，定格的岁月带给我们一个个谜团。

这些老照片是何人何时所拍？拍摄的背景和目的又是什么呢？

2009年，中国国家博物馆收藏了一批老照片，齐长城青石关的三张照片就包含其中。

中国国家博物馆研究馆员杨红林为研究这些老照片倾注了十年心血。他为我们讲述了这些照片背后的故事。杨红林说，经过考证，这些照片的拍摄者叫岛崎役治。

岛崎役治的公开身份是"亚细亚写真社"专业摄影师，实为日本情报人员。他以观光考察的名义，深入中国各地，拍摄了大量风土民情、山川物产，尤其是具有战略意义的道路关隘的照片。

岛崎役治 [日本] 拍摄的齐长城青石关老照片（拍摄于 1929 年）

岛崎役治 [日本] 拍摄的老照片

日本从甲午战争时期就派出大批的间谍进入中国刺探情报，为侵华战争做准备。这些间谍以各种身份作掩护。岛崎役治作为一个专业摄影师，在搜集情报方面不遗余力，他拍摄的照片部分刊发在《亚细亚大观》月刊中。

岛崎役治在 1929 年 2 月来到山东淄博，除了拍摄淄博的煤矿、铁路之外，他还十分关注位于博山和莱芜之间的青石关。在这里，岛崎役治拍摄了一组照片。

第一张照片说明文字：往昔划分齐鲁边界的长城的一处遗迹，经过三千年岁月的洗礼，现在仍横跨在博山南方的山岭上，就在距离博山二十五里的青石关。

从规模结构上看，它自然无法与秦朝的万里长城相媲美，但穿过蜿蜒高山的这座长城，在荒漠的雪景中产生一种庄严感。

第二张照片说明文字：青石关是山东长城的一个重要关口。青石关屹立在齐鲁的边境上，是紧扼通往泰安的交通要道的战略要点，矗立在巍峨高山上的险峻堡垒现在仍在诉说当时的故事。

岛崎役治用相机定格了青石关的影像。1930年，另一个日本人马场春吉则用文字解密了青石关。马场春吉详细介绍了青石关附近的矿产资源、交通状况以及齐鲁两国历史上的战争，为日本政府研究山东鲁中地区的情况提供了参考。

在当时的日本间谍眼中，齐长城上的青石关依然具有重要的战略价值。那么，今天的青石关与1929年相比有什么变化呢？

在济南市莱芜区与淄博市博山区交界的泰山余脉分水岭处，齐长城向南分出来一条复线，青石关就坐落在这条复线长城上。

所谓复线，就是由一南一北两条长城，共同构成双重防御体系。齐长城主线在青石关以北，从防御角度而言，青石关虽然处在复线长城上，但具有战略前哨的重要价值。

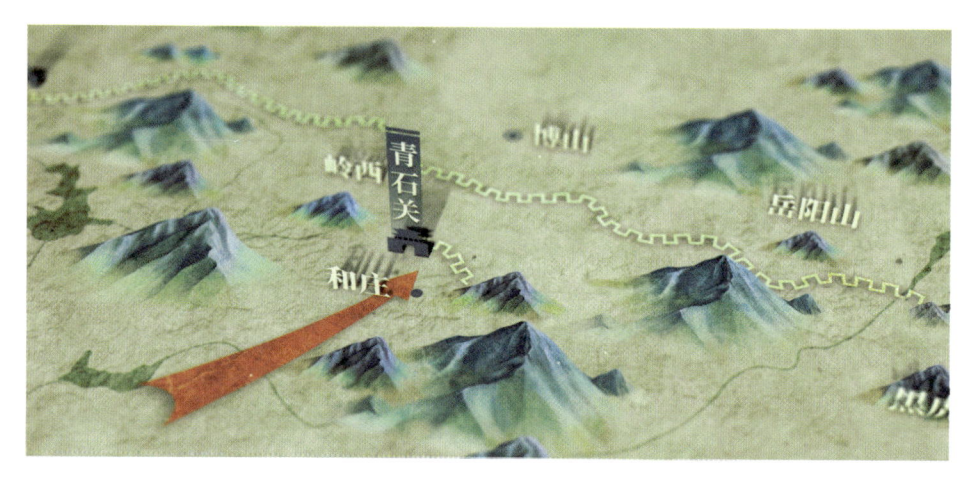

青石关地理位置示意图

　　青石关北侧有一条两山夹峙形成的关沟，古称"瓮口道"。关沟靠近城门的石板路，因车轮经年累月地碾压，留下了形如沟壑、深达15至20厘米的车辙。

济南莱芜青石关瓮口道

　　沿青石关瓮口道北下，穿过谷地可以直达齐都临淄。
　　在千里齐长城上，青石关是唯一保留有关城遗迹的古关。因为城堡和城墙都是用青石垒建，故名"青石关"。青石关原有四个门，门上均有阁楼，如今只剩下北门门洞和残碑。从岛崎役治拍摄的照片看，北门门洞顶上原建有玄帝阁，洞口一侧立有明朝万历年间《重修玄帝庙记》的石碑。当年，南门上方镶嵌的"青石关"石匾，现在被筑进了城门旧址附近的一面墙上。

济南莱芜青石关

青石关北门门洞

纵观古今中外历史，关口要塞几乎都与战争有关，青石关也不例外。

从青石关向西南行约10千米，就到了济南市莱芜区苗山镇的勺山。勺山因山顶形似倒扣的勺子而得名。山下有一片古淄水冲积平原，地势开阔，正利于战车排兵布阵。

济南莱芜勺山

公元前684年，齐桓公发兵进入鲁国境内。鲁国三万大军在青石关西南侧的勺山之下列队迎敌。鲁庄公欲先发制人，被曹刿劝止。齐军见鲁军按兵不动，便敲击战鼓一而再、再而三地发起冲击，均未奏效。齐军疲惫，士气低落。

《左传》中有这样的记载："公与之乘，战于长勺。公将鼓之。刿曰：'未可。'齐人三鼓。刿曰：'可矣。'"

曹刿见战场形势已呈现"彼竭我盈"的有利变化，建议鲁庄公实施反击。鲁军一鼓作气，击溃齐军。曹刿恐齐军佯败设伏，下车察看齐军车辙痕迹，发现辙乱旗靡，判明齐军确败，方建议乘胜追击，终将齐军逐出鲁境。

长勺之战场景复原

《左传》记载："齐师败绩。公将驰之。刿曰：'未可。'下视其辙，登轼而望之，曰：'可矣。'遂逐齐师。"

长勺之战以小敌大，以弱胜强，震古烁今，两千多年后，对中国共产党人军事思想的形成产生了重要影响。1936年10月，经过二万五千里长征，红军三大主力军会师于甘肃会宁。同年12月，毛泽东撰写《中国革命战争的战略问题》一文，对长勺之战的战法给予高度评价，他说战争中鲁国"采取了'敌疲我打'的方针，打胜了齐军，造成中国战争史中弱军战胜强军的有名战例"。他在文中不惜篇幅，大幅引用《左传》中关于长勺之战的原文，并对该战例进行精辟分析。

长城、古道、雄关不仅催生了中国战争史上的经典战例，也为中国文学史上的经典小说《聊斋志异》提供了创作空间。

蒲松龄雕像

清朝康熙九年即公元1670年，屡试不第的蒲松龄，辞别妻子儿女，应同邑友人孙蕙之聘，去江苏宝应做幕宾谋生。他从家乡淄川蒲家庄出发，沿博山谷地，过青石关，留下了他写得最早的诗篇《青石关》。

身在瓮盎中，仰看飞鸟度。

南山北山云，千株万株树。

但见山中人，不见山中路。

樵者指以柯，扪萝自兹去。

句曲上层霄，马蹄无稳步。

忽然闻犬吠，烟火数家聚。

挽辔眺来处，茫茫积翠雾。

进了关城，心情不错的蒲松龄坐在客店前的老槐树下，品着茶，听南来北往行旅客商讲着稀奇古怪的故事，一时入迷，竟忘了行程……

第二年深秋，为备考乡试，蒲松龄辞掉幕宾返回家乡，再过青石关时已是傍晚。此时电光响雷伴着倾盆大雨而至，蒲松龄人困马乏，又遇山洪，困苦之状都融进这篇《瓮口道夜行遇雨》。

日暮驰投青石关，山尘横卷云漫天。

望门投鞭纵马入，庭户冷落绝炊烟。

主人禾黍堆满屋，人无汤饼马无粟。

拍肩挽臂求作谋，苦辞不能留客宿。

下关暝黑闻风雷，倒峡翻盆山雨来。

潦水崩腾没马膝，激石擂炮鸣相催。

水猛石乱马蹄破，动骨骇心欲倾堕。

人马不惜同时饥，颠蹶还愁丧身祸。

来时当道僵尸横，我行至此马腾惊。

云是虎噬远行客，髑髅啮绝断股肱。

念此毛寒肌粟起，心急行难步不屺。

电青乍见水磷磷，径昏惟觉石齿齿。

三漏始入土门庄，挞门下骥登人堂。

渭城已唱灯火张，唤起老妪炊青粱。

簌席破败黄茅卷，如醉醇醪卧香软。

暴雨倾盆，电闪雷鸣，置身青石关的蒲松龄仿佛走入了自己创作的诡谲怪诞的世界，暴雨导致的山洪让30岁出头的蒲松龄险些跌落悬崖。狼狈的经历让蒲松龄的心情极度晦暗，青石关的这场大雨或许是蒲松龄一生中最难忘的一场雨了。好在风雨三更后渐停，蒲松龄寻得一户人家肯开门接纳，一碗热粥，一床破席，蒲松龄"如醉醇醪卧香软"，酣然睡去。也许梦中会出现变成猛虎、咬死仇人的向杲，在罗刹国里颠倒困顿的马骥，以及常在幻象奇绝的风雨之夜出现的花妖狐魅，会传来独居荒野孤村的婴宁那各具特色的笑声……就这样，青石关的惊险际遇融进了《聊斋志异》奇异的故事中，蒲松龄也与青石关结下了不朽的文学因缘。

除了蒲松龄，清朝诗人张元曾写过一首《过青石关》："石磴梯云动客魂，凭高真可一丸论。遥连泰岱盘坤轴，横锁青齐到海门。烽燧何年严斥堠，人家今日似荒村。踯躅欲问前朝事，风急空山暮雨昏。"该诗中"遥连泰岱盘坤轴，横锁青齐到海门"是吟诵齐长城的经典名句。

> 先有穆陵关,后有齐长城。早在姜太公分封齐地的西周初期,穆陵关就有"齐南天险""天下第一关"的称谓。一条带钩助齐桓公成就霸业,刘裕伐燕决战开启南北朝时期……一个个改变中国历史进程的大事件就发生在这里。神秘的齐长城刻画石和沉睡在关城两千多年的礌石仿佛还在默默讲述着当年的故事。

二

复旦大学历史地理研究中心,前身是复旦大学历史系中国历史地理研究室,是由我国著名历史地理学家、已故中国科学院院士谭其骧教授创办的。1982年起,由谭其骧教授主编的《中国历史地图集》陆续出版了8册。这是研究我国历代行政区划最权威的史料。目前,葛剑雄教授正主持后续出版工作。

通过葛剑雄教授的介绍，我们了解到，《中国历史地图集》的第一册，是由杨宽先生和钱林书先生两人编写的。杨宽是国内春秋战国史的权威专家。他们当时画图的时候主要是根据历史文献、他们自己的研究成果，以及参考一些已经发表的考古成果，从中选出比较可靠的信息，最后定点画在图上。

打开地图册，我们会发现在西周版图上，齐国的东南部标注了"穆陵"。

据《左传》记载，鲁僖公四年，即公元前656年，齐桓公伐楚。楚成王派使者对齐桓公说："君处北海，寡人处南海，唯是风马牛不相及也。"此处，北海、南海均为泛指，意为两国一北一南，距离遥远。"风马牛不相及"，意为即使马和牛走失了，也不会跑到对方境内。

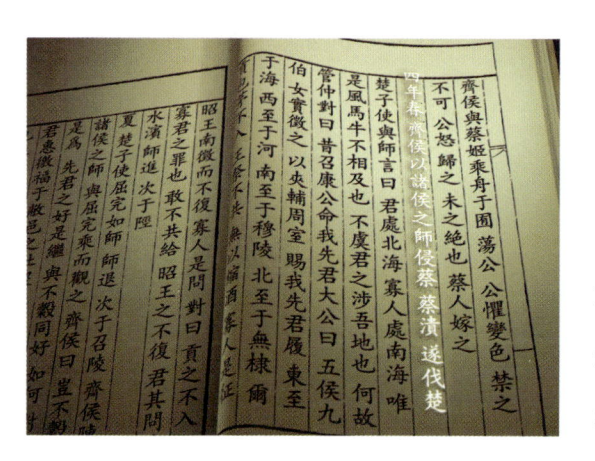

楚国使者的意思很清楚："咱们两国相距甚远，井水不犯河水，你为什么来伐我？"

管仲对曰:"昔召康公命我先君太公曰:'五侯九伯,女实征之,以夹辅周室。'赐我先君履:东至于海,西至于河,南至于穆陵,北至于无棣。"

管仲这段话的意思是,召康公曾授权于我们齐国先君姜太公:"五等诸侯和九州长官,你都有权征讨他们,从而共同辅佐周王室。"召康公还给出了姜太公的管辖范围:东到海边,西到黄河,南到穆陵,北到无棣。

这里提到的海、河、穆陵、无棣,也有专家认为是姜太公时期齐国疆域的四至。按照四至的标准,楚国根本不在这个范围内。管仲兴许是想以此为"尚方宝剑",从气势上压倒楚国。还有另一种说法,楚国境内也有一个穆陵,管仲在此偷换概念,以获得攻伐楚国的借口。我们提及这段历史只是想证明一件事:在西周就有了穆陵!

穆陵关场景复原

穆陵位于齐国东南部,作为古代重要的军事和交通要塞,是齐长城上历史最悠久的第一大关口。因为穆陵关的历史最早可以追溯到西周,而齐长城却是春秋战国时期修建的,所以"先有穆陵关,后有齐长城"

这个说法，还是比较准确的。

穆陵关是齐国防范鲁、莒、吴、越、楚等国自南面进攻的关卡，高居沂山山脉之上，素有"齐南天险"之称。

今天临沂沂水与潍坊临朐之间的这条国道上，爬坡而过的汽车发出阵阵轰鸣声，提示着穆陵关居高临下的位置优势。当年气势恢宏的穆陵关关楼已经无迹可寻，公路东侧的高台上矗立着一块石碑，上面清楚记述了明嘉靖年间，重修穆陵关并增设防守官兵的过程。清朝以后，这里不再驻兵设防，穆陵关也逐渐荒废。

穆陵关明代石碑 　　　　　　　　穆陵关碑刻拓片

我们已无从考证春秋战国时期穆陵关的样貌，只能从诗人的描述中，感悟穆陵关的城楼寒月、春山烟雨。

穆陵关

清·安致远

轻风细雨霸图闲，石径逶迤瓦砾间。
莫道江南烟水阔，春山无尽穆陵关。

穆陵关夜雨

明·薛瑄

万山绝顶穆陵关，一上山楼五月寒。
烟树满川浮暝色，晚风吹雨湿阑干。

穆陵关周围群山环绕，齐长城伸开双臂紧锁穆陵关东西两侧山脊，与关口形成固若金汤的防御体系。

齐长城柠根腿段，位于穆陵关西侧，是临朐县内保存得比较完好的一段齐长城遗址，为夯土筑造，基宽3~4米，随峰岭沟壑上下起伏，层次清晰，夯实坚固，始建年代为春秋后期。

临朐柠根腿段齐长城

山岭峰峦依旧，长城不见烽烟。

3000多年来，穆陵关见证了滚滚战车、金戈铁马，一个个热血英雄鏖战沙场的历史传奇也在这里不断上演。

刘裕，字德舆，小名寄奴，中国东晋至南北朝时期杰出的政治家、改革家、军事家，南朝刘宋开国君主。

公元409年，刘裕率师北伐南燕，穆陵关时为南燕掌控。刘裕要想统一北方必须要灭掉南燕，而北伐南燕首先要经过穆陵关。

当刘裕带着大军到达穆陵关的时候，南燕却弃守穆陵关。刘裕不由得振奋不已，喜形于色。刘裕率领军队很快越过穆陵关，在穆陵关以北宽阔的平原上，史上著名的伐燕决战——广固之战拉开帷幕。刘裕当时制造了大量的战车来抵御南燕的骑兵,因此南燕骑兵战斗力被削弱,迅速溃败。

广固之战场景复原

刘裕灭南燕,而后取代东晋,建立南朝刘宋政权,自此以后中国历史进入南北朝时期。

公元1205年,已经65岁的辛弃疾再次被朝廷起用筹划北伐,只是他的意见没有引起南宋当权者的重视。心情沉郁的辛弃疾登上京口北固亭，挥笔写下了《永遇乐·京口北固亭怀古》。

千古江山，英雄无觅孙仲谋处。舞榭歌台，风流总被雨打风吹去。斜阳草树，寻常巷陌，人道寄奴曾住。想当年，金戈铁马，气吞万里如虎。

元嘉草草，封狼居胥，赢得仓皇北顾。四十三年，望中犹记，烽火扬州路。可堪回首，佛狸祠下，一片神鸦社鼓。凭谁问：廉颇老矣，尚能饭否？

著名京剧表演艺术家李保良在济南市京剧院新编京剧《辛弃疾》中饰辛弃疾

其中"斜阳草树，寻常巷陌，人道寄奴曾住。想当年，金戈铁马，气吞万里如虎"说的就是刘裕的典故。

在穆陵关附近留下历史身影的还有齐桓公和管仲。齐襄公时，公子纠由管仲辅佐避难于鲁国，公子小白由鲍叔牙辅佐避难于莒国。不久，齐襄公被杀，齐国内乱，为了回国争夺王位，公子小白和公子纠都从避难国出发，赶往临淄。

辅佐公子纠的管仲为了阻止小白即位，就埋伏在小白回齐国的路上，射了小白一箭。但是这一箭并未致小白于死地，他衣服上的带钩挡住了箭头，救了他一命。管仲以为大功告成，便派人回鲁国报捷。于是，鲁国一行人从容地打点行装，仪仗齐备地送公子纠回国继位，走了六天才到齐国。而这时小白早已昼夜兼程赶回齐国，被高傒等权臣拥立为国君，是为齐桓公。

后来，齐桓公逼迫鲁国杀了公子纠，却不计较"一箭之仇"，听从鲍叔牙的建议，任用管仲为相，他们君臣一心，开创了春秋五霸之首的大业，为齐国的繁盛奠定了基础。鲍叔牙时时提醒齐桓公不要忘了在莒

国避难的岁月，因而有了"毋忘在莒"的典故。

历史一直是个"出题者"，留下了无数的谜题却不提供答案。比如，管仲射小白的地点在何处？莒国在齐国的东南方向，穆陵关是齐国通往莒国的必经之路。因此，有专家认为，管仲与齐桓公"一箭之仇"的故事应该发生在穆陵关附近。

齐桓公继位后，穆陵关得到大规模扩建。至战国齐宣王时期，穆陵关以北又修建了一条复线长城，一南一北两条长城，与关隘、烽火台一起，构建成闭合型军事防御体系，俨然一座巨大的关城。今天穆陵关东西两侧的齐长城遗迹，大多是那时候的产物。

沂水穆陵关复线长城

关口是齐长城防御的据点，一般都控制着一条重要的交通线，并连接着一个或几个重要的城邑，关口是城邑的屏障，城邑是关口的依托。

齐长城各段刚建立的时候，基本是在边境线上。然而随着诸侯兼并和版图扩张，齐人以长城上的各关口要塞为依托，不断向长城以南开疆拓土，边境线也就不断向南推移。

春秋初年，齐国与莒国的边界线并不长，直到齐灵公时期，齐国灭掉莱国，将齐国的边界扩展至胶东一带，齐国东南与莒国才有边界线。莒国虽是小国，却也不容小觑。

清朝顾栋高撰写的《春秋大事表》记述："莒虽小国，东夷之雄者也，其为患不减于荆、吴。"

公元前431年，楚国灭掉莒国，但莒国与楚国相距过远，莒国最终被齐国兼并。

齐国兼并莒国之后，穆陵关和莒的战略地位都发生了变化。莒县东莞段齐长城在楚国灭莒之前就已经修筑。从地理位置而言，莒在齐长城之外。但是从军事角度来说，莒成了与穆陵关互为依托的关隘要塞，在战略上具有十分重要的意义。

齐国在长城以南防线上的军事据点还有琅琊、牌孤城、嬴邑、博邑、阳关（今山东宁阳东北）等，这些城邑与齐长城共同构成一个庞大而完整的战略防御区。

公元前284年，燕国大将乐毅伐齐，攻克齐国七十二城，入都城临淄，烧宫庙宗室，掠珍宝巨财，齐国几近亡国。燕国军队久攻莒城不克，转攻即墨，田单以火牛阵破燕，并乘势收复失地，莒和即墨成为齐国反攻、复国的要塞。可见，长城之外的军事据点对齐国的生死存亡也具有重要意义。

烽火狼烟已经远去，巍巍长城雄风不减，我们还能在齐长城的遗址上寻找到战争的痕迹吗？

下图中的这块神秘的刻画石，看似普通，却是国家一级文物，1982年发现于山东潍坊诸城段齐长城残存的墙体中。据专家推断，刻画者也许是筑造长城的民夫，也许是靖边护国的兵士，他们曾目睹战车隆隆呼啸而来。清晰如车轮的图案，或许是挥之不去的战争梦魇，又寄托着他们渴望国家安宁的心愿。

齐长城刻画石

齐长城刻画石曾长期暴露于野外，不知何时有人有样学样地摹刻上"中国"二字。两千多年前的古人和今人的刻画，就这样神奇地凝固在一块石头上，向人们无声地诉说着中国长城金戈铁马的历史。

刻画石上摹刻的"中国"二字

潍坊安丘五龙山段齐长城，是穆陵关复线长城防御体系的一部分。这里的齐长城遗址两边垒石，中间填土，残存的遗址有两米高，宽3~5米。

因山势险要，少有人为破坏，文物工作者在这里幸运地发现了沉睡两千多年的礌石。这些椭圆形的石头，是当时用来防御敌人进攻的武器。

这些礌石，经历了刀光剑影、鼓角争鸣的岁月，见证了血雨腥风、沙场鏖战的传奇，是齐长城军事防御作用的重要证明。

> 锦阳关,修筑在泰山东侧齐鲁交界的山岭上,因此处山势较缓,谷地开阔,周秦汉唐直至今天,无数"官道"叠压,贯通南北。有学者认为,《诗经》中《大雅·烝民》所提到的"王命仲山甫,城彼东方"就是周王命仲山甫前往东方(齐国)督修周道上重要关隘,如穆陵关、锦阳关这样的关城,而这些毗邻古关的关城至今仍有迹可寻。

三

锦阳关是齐长城上石砌城墙遗址保留最完整的关隘,位于济南市莱芜区和章丘区的分界线上。城门上方刻"锦阳关"三个大字。因为道路

济南莱芜锦阳关城楼

扩建，原锦阳关城楼被拆除，关址被242省道占用。现在的锦阳关城楼是在原址西侧重建的。

锦阳关东西两侧都有完整的城墙，关西城墙长756米，高5～6米，垛口、瞭望孔都保存得较完整，关东城墙长2200米，残高2.5米。

锦阳关城墙

锦阳关得名，源于阳关（今山东宁阳东北），上文中提到过齐长城以南的几个战略要地，就包括阳关。阳关原为鲁地，后被齐国占领。锦阳关因为临近阳关最初名为"近阳关"，后得名"锦阳关"。

关于锦阳关的始建年代，众说纷纭，有学者认为，《诗经》中的一处记载应与锦阳关等齐长城的关隘有关。

那是周宣王在位的某一天，《诗经》的编撰者、为数不多有名可考的作者、太师尹吉甫送好友仲山甫远行。

尹吉甫写下《大雅·烝民》相赠，在赞美仲山甫品行能力的同时，也点明此行的使命："王命仲山甫，城彼东方。"

仲山甫永怀 以慰其心
吉甫作诵 穆如清风
仲山甫徂齐 式遄其归
四牡骙骙 八鸾喈喈
王命仲山甫 城彼东方
四牡彭彭 八鸾锵锵
征夫捷捷 每怀靡及
仲山甫出祖 四牡业业

仲山甫　尹吉甫

城彼东方，就是说到东方去筑城，这个城应该不是建临淄都城，而是建齐长城沿线的像锦阳关一样的关城。但是此观点也是一家之言，还需要很多史料证明。

锦阳关段齐长城

那么，目前我们看到的锦阳关段的齐长城修建于何时呢？

在长江流域太平天国运动兴起的同时，1853年至1868年，黄淮流域的鲁、豫、苏、皖地区，也兴起一股反清农民武装——捻军。

清朝咸丰十年（1860年）秋天，淮北捻军北上抵达泰沂山地以南。清朝政府下令，在齐国修筑的山岭长城基址上，垒砌石头加固重修，抵御捻军。

锦阳关齐长城与东侧大寨山

清朝咸丰十一年（1861年）春，捻军经莱芜北上章丘。章丘人民于锦阳关齐长城设防，击退捻军。在济南市莱芜区博物馆内，我们找到了一块石碑，上面清晰地记载着清朝咸丰年间，章丘南乡各村将锦阳关西侧长城修到山顶的事实。这一次的修复，施工难度大，技术要求高，所有建筑石材都是就地开凿的。修复后，齐长城石砌外墙高度达6~8米。

清朝同治三年（1864年），曾立《章丘县修筑长城岭石墙记》石碑。

凡是长城都不是单纯依靠

咸丰十一年章邑修齐长城石碑

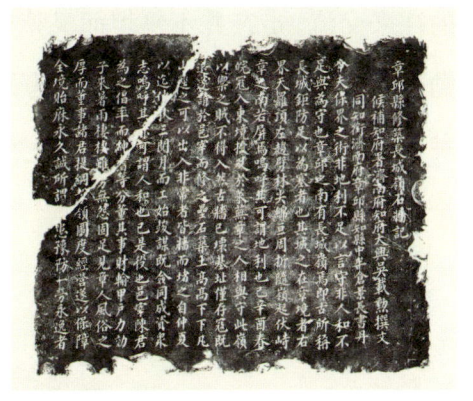

清同治年间《章丘县修筑长城岭石墙记》拓片（章丘区政协提供）

线性防御，它肯定有一系列的配套防御设施，比如说，传递信息就要有烽火台。

在锦阳关东侧700米处的山峰之上，我们寻找到一处烽火台遗址。遥想当年，烽火狼烟，古道雄关，长城两边的百姓一定向往和平安定的日子。

锦阳关烽火台遗址

锦阳关的东门关，也被称为"鲁地便门"，是为了方便齐鲁两国百姓往来交通而修建。它是齐长城上唯一一座保存完整的便门，说明齐长城关口附近很早就形成了村落，长城的修建并没有阻断两国民间的往来交流。走在并不平坦而又狭长的长城古道上，昔日那些衣冠简朴、勤劳朴实的齐鲁百姓，仿佛穿越关口和我们同行，他们在长城脚下耕种劳作，在关口附近经商交往，向我们讲述着烽火狼烟背后，齐长城平静而安逸的另一种生活。

锦阳关东门关（鲁地便门）

  齐长城上的关口不是孤立存在的，关口附近都建有兵营，并与后方的城邑互为依托。

  从空中俯瞰齐长城，人们会发现，齐长城沿线的许多隘口附近，留有成规模的 50 多处石砌山寨。南距锦阳关 2000 米的章丘文祖大寨村石寨，规模宏伟，设计奇特，防御严密。齐长城竣工后，当时的统治者曾派兵在此扎寨驻守。斗转星移，山寨演变成村落，但大寨村之名还能向我们透露出几缕"寒光照铁衣"的过往。

  齐长城源头古平阴要塞北侧，占地 10 万平方米的杜庄山寨雄踞陡峭的山脊之上，三道城墙依次排开，马道、石屋清晰可见。

  老姑峪山寨，又称"南坪山寨"，是齐长城沿线城墙保存最完整的

济南章丘文祖大寨村石寨

济南长清杜庄山寨

济南莱芜老姑峪山寨

山寨，建筑形制、规模样貌还留有当年齐长城的身影。

　　齐长城沿线的山寨或兵营遗址，早期是齐长城关口的重要组成部分，与关口的守军互为呼应，形成立体化防御体系。而到了清朝以后，这些山寨可能被百姓重修，用来抵御匪患。

黄石关和平阴"巨防"一样，也是一道扼控水陆的关隘，隘口旁的嬴政沟、嬴汶河让人联想到秦始皇。秦朝在今莱芜设嬴县，留有嬴城遗址。秦始皇五次东巡，三到齐地，封禅泰山之际，一定拜谒过祖先生存的土地。城子关、莱芜谷，齐鲁两国"夹谷会盟"之地，孔子政治生涯的高光时刻就在这里上演。

四

黄石关因关西有黄石崖而得名，关两侧的齐长城已湮没于荒草灌木中。由于人迹罕至，许多墙体还保留着齐长城的初始原貌。直到今天，这段长城遗址依然是莱芜和章丘两区的分界线。

济南莱芜黄石关遗址

站在齐长城遗址向山下望去,巨大的山沟被当地百姓称为"嬴政沟",沟底的河流叫"嬴汶河",难道这里和秦始皇还有什么联系吗?

济南莱芜嬴政沟

济南莱芜嬴汶河

关于嬴秦起源问题，学界一直以来有两种说法，一种认为嬴秦起源于东方，一种认为嬴秦起源于西方。而清华简回流国内以后，这个问题有了一个明确答案。

清华简记载了一个历史事件叫"三监之乱"。武王分封纣王之子武庚于殷，同时派其兄管叔、蔡叔、霍叔监视武庚，史称"三监"。武王病逝，周公旦摄政，引起"三监"不满，武庚拉拢"三监"发动叛乱。周公东征，诛武庚，杀管叔，放逐蔡叔，废霍叔为平民，平定"三监之乱"。叛乱被平定之后，周朝就把这部分人西迁，这些人就包括嬴秦的祖先。

根据清华简的记载，我们可以梳理出这样一个脉络：嬴姓族群起源于今天莱芜附近，因参与"三监之乱"被周王迁徙到今天甘肃、陕西一带，为王室养马，后被封于秦地。在周平王迁都洛邑之时，嬴秦立下功勋，封邑进一步扩大。历经800多年的苦心经营，嬴秦从一个外姓诸侯国一步一步成长为统一中国的秦帝国。

秦统一六国之后，秦始皇用他自己的姓，即嬴姓，在莱芜设置了嬴县，说明这个地方和他是密切相关的。

在莱芜当地，还有嬴城遗址、嬴汶河，这些都与嬴姓的历史记载有关。嬴城遗址位于莱芜羊里镇城子县村，尚未被大规模发掘，但是，从零星出土的文物可以大体判断出嬴城遗址的年代。

嬴县之名一直延续到唐武周时期，后改名为莱芜；而莱芜之名，最早起源于齐长城沿线另一个重要的关口——城子。城子村，位于淄博市淄川区岳阳山脚下的淄河谷地。村子东西两侧分别为三台山和岳阳山，是齐长城山险墙的一部分，与城子要塞的关口和城墙，构筑起了齐国南大门的防御屏障。淄水环绕村南、西、北三面，形如八卦图，然后缓缓北流而去。

淄川城子村

淄河谷地

　　西周初年，莱国就已存在，疆域大致在今天的胶东半岛，今天以莱字开头的莱阳、莱西等地名，都与莱国有关。

　　春秋时期，莱国与齐国多有攻伐。公元前567年，莱国被齐国灭亡，齐灵公将莱人迁徙至城子村充实边防，因为此地邑落荒芜，故称莱芜。汉朝在城子设置莱芜县。唐朝时，莱芜县治迁到今天的济南市莱芜区，取代了嬴县之名,城子归淄川管辖。

淄河谷地,古名莱芜谷,东北直通齐都临淄,西南可直达莱芜、泰安,是齐国进入鲁中山区的重要通道。

莱芜谷与许多重大历史事件相关,孔子参与的齐鲁两国"夹谷会盟"就是其中之一。

据《左传》记载,夹谷会盟发生在齐景公四十八年,即公元前500年。当年春天,齐景公约请鲁定公在夹谷相会。鲁定公任命司寇孔子兼任此次盟会的相礼(司仪)。孔子提出了著名的"有文事者必有武备,有武事者必有文备",带领一班文武官员以及护从军北上,于当年夏天来到夹谷。

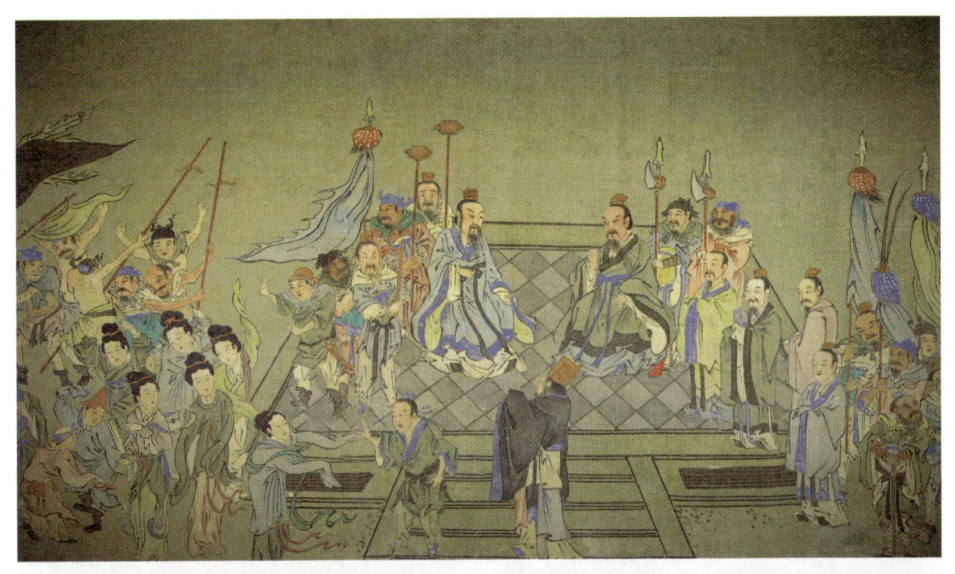

《孔子圣迹图·夹谷会齐》〔明〕(孔子博物馆藏)

齐国大臣犁弥得知鲁国方面的相礼是孔子，就与齐景公密谋让莱人在盟会上劫持鲁定公。

在整个会盟仪式上，孔子风云际会，成为实际主角。

会盟那天，献酬之礼结束，一群莱人手舞矛戟剑盾、旌旄羽袚鼓噪而上，孔子见状，几个箭步登上台阶，一边用身体掩护着鲁定公，一边怒斥齐景公道："我们两国君主友好会盟，为什么要演奏这种野蛮无礼的夷狄乐舞！"齐景公心知有愧，只好挥手喝退莱人。于是，孔子机智化解了齐国使莱人劫持鲁定公的阴谋。

双方订立盟约时，齐国突然添加了一项条款：齐国出征，鲁国应出兵车三百乘相从，否则视为背弃盟约。

鲁国如果答应齐国的要求，就等于承认了自己附庸国的地位。因此，孔子当即也提出了鲁国的条款：如果齐国不将侵占鲁国的汶阳之田归还鲁国，则也应视为背弃盟约。

孔子针锋相对的斗争，使得本想恃强凌弱的齐景公颜面扫地，羞愧难当。会后不仅把犁弥等人痛骂了一顿，还将齐国侵占的土地归还了鲁国。

《孔子圣迹图·归田谢过》〔明〕（孔子博物馆藏）

夹谷会盟，刀光剑影，唇枪舌剑，其惊心动魄的激烈程度不亚于一场战役。孔子以其超人的大智大勇，折冲樽俎，不仅挫败了齐国的阴谋，还为鲁国争得了权益，充分展现了孔子作为政治家的魄力与胆识。

夹谷会盟的史实和细节因有《左传》的记载而得到普遍认同，但对这起事件发生的具体地点还存在一定争议。

顾炎武是明末清初的思想家，著有《日知录》《音学五书》等书。他认为，夹谷即莱芜谷，也就是淄河谷地。他说："齐灵公灭莱，莱民播流此谷，邑落荒芜，故曰莱芜。夹谷会盟，齐侯使莱人以兵劫鲁侯，宣尼（孔子）称夷不乱华是也。是则会于此地，故得有莱人，非召之东莱千里之外也。"夹谷就是莱芜谷，看来无可怀疑。考虑到鲁定公离开鲁境而又不会深入齐境很远，那么相会地点最有可能是在淄河谷地的城子村附近。

旧说云齐灵公灭莱
莱民播流此谷 邑落荒芜
故曰莱芜 禹贡 所谓
莱夷也 夹谷之会 齐侯
使莱人以兵劫鲁侯
宣尼称夷不乱华 是也
是则会于此地 故得
有莱人 非召之东莱千里
之外也 不可泥祝其之名
而远求之海上矣
——《日知录》

顾炎武 1613年—1682年

历史题的答案有单项选择，也有多项选择。

夹谷会盟的地点还有另外一说，即在今天济南市莱芜区的绿矾崖村。绿矾崖村位于"南北一条峪，东西两面山"的夹谷峪。

退休教师邢业友，数十年如一日地研究史料，勘查本地石碑石刻，他说，有史料证明夹谷峪可能就是今天的绿矾崖村。

在邢业友的家里，我们寻觅到了一块残缺的石碑，通过这块石碑上的铭文可以知道，在明朝万历年间，人们已经把这个村子确认为夹谷会盟的地点。《莱芜县志》也把此地认定为夹谷会盟处。

城子所在的莱芜谷是不是夹谷会盟的地点，依然是个待解的谜题，但城子村两侧的山崖上有齐长城城墙遗址却千真万确。

城子原来设南北两座城门，城墙为夯土构造，现在均夷为平地，而连接要塞的两侧山岭上的石砌长城遗迹仍清晰可辨。据当地村民讲，20世纪五六十年代，北城墙有两米多高，东边这个城墙有800多米长。

穆陵关、锦阳关、青石关、黄石关、城子要塞，号称齐长城上的"四大关口"和"一大要塞"。此外，齐长城沿线还有许多小的关口。

穆陵关

锦阳关

青石关

黄石关

城子要塞

天门关，是整个齐长城沿线海拔最高的关口，位于济南市莱芜区大王庄镇独路村与章丘区垛庄镇的交界处，坐落在东西两座海拔800多米的山峰垭口处，位置险要，可谓"一夫当关，万夫莫开"。

现在，天门关城楼已经不见踪迹，但是，当地年长的百姓对城楼还有记忆。

我们沿着天门关两侧山脊，寻找齐长城的遗迹，在茂密的植被下，还能看到残存的齐长城墙体。

济南章丘天门关段齐长城遗址

古板栗树

由于从南到北只有一条路可以经过天门关,因此关口下的村庄得名独路村。独路村的板栗园,被称为"山东第一古栗林"。这棵约1300岁树龄的古板栗树,被评为"济南十大树王"之一。

与天门关的险峻可以匹敌的,是位于济南市莱芜区与淄博市博山区交界处的风门道关,风门道关西侧山峰为霹雳尖山。

霹雳尖山西侧是齐长城山险墙,山顶立有章丘、莱芜、博山三界界碑,沿着三界碑下面的分水岭,向东翻越六个山头,我们再次看到了人工修筑的齐长城遗迹。这里的齐长城依山而建,遗迹只留存很小的一段,沿着齐长城的痕迹继续往前,就来到了莱芜和博山交界处的风门道关。风门道关扼守盘桓的山路垭口,易守难攻,是齐长城沿线最为险峻的关

济南莱芜霹雳尖山

口之一。

　　齐长城上的关口自西向东还有平阴要塞、长城铺、北门关、永镇关、城顶关、西峰关、左关等。大大小小的关口要塞，扼控南北通道，锁扣长城东西，在齐国南部形成一条完整防线。

　　战时封闭，抵御入侵，和平时期开启，沟通南北畅连天下。

第三章
古道寻商

左关三量（齐国三量、陈氏三量）

年代：
战国

馆藏：
子禾子釜现藏于中国国家博物馆
陈纯釜、左关和现藏于上海博物馆

引子

关于齐长城，有一种不一样的观点：齐国修建齐长城不是出于军事目的，而是出于经济目的，即为了防范海盐走私。这样的观点确实十分新颖，同时也说明，齐长城具有保护商业往来的重要经济作用。

修一道长墙不是阻碍了两地的交往吗？怎么可能有利于经济发展呢？

对于这种观点，我们需要用考古证据和史料来说明。

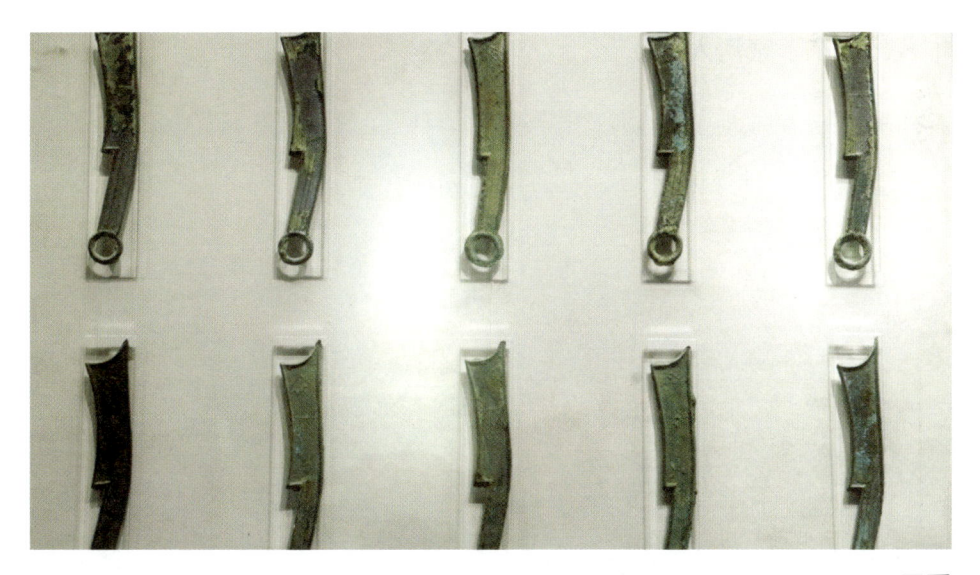

刀币

齐长城左关附近关市遗址曾出土3件刻有铭文的青铜量器，这批早于商鞅方升的文物在中国计量史上占有重要地位，是齐国商贸繁盛的实物见证。齐国的海盐、金属、丝绸、工艺品等拳头产品通过跨越齐长城各个关口的古商道行销各国。一部《考工记》印证了齐国手工业"智造"的高度发达，留下了中国最早的"手造"标准流程及工艺图。

一

齐长城从济南长清的黄河岸边翻山越岭绵延641千米，最后至青岛市黄岛区东于家河入海。

齐长城入海处

齐长城入海处的这座烽火台，虽是在原址上重新修建的，却依然能想象当年扼控海陆要津的气势。

青岛东于家河齐长城烽火台

清朝咸丰七年，即1857年，这里出土了三件带有铭文的青铜量器，因铭文中有"左关"字样，故而史学界称之为"左关三量"，也叫"陈氏三量""齐国三量"。它们是战国时期最具代表性的齐国量器，也是迄今为止中国发现的最早的齐国量器。

陈纯釜　　　　左关和　　　　子禾子釜

160多年过去了，"左关三量"现藏身何处？它们又能给我们提供哪些与齐长城和齐国工商业发展有关的重要历史信息呢？

我们在中国国家博物馆，找到了"左关三量"的"老大"子禾子釜。

子禾子釜作为齐国量器"三兄弟"的代表,静静端坐于展柜中,向每一位参观者默默地讲述着先秦时期度量衡的历史。

子禾子釜和腹壁铭文

据中国国家博物馆副研究馆员田伟介绍,子禾子釜和另外两件量器,最早是由陈介祺先生收藏,1949年以后,由上海博物馆收藏。上海博物馆对这三件文物做了很好的研究,20世纪50年代末,还专门出版了一本书,书名就叫《齐量》。

《齐量》是最早研究"左关三量"的著作,从器型、尺寸、铭文等方面做了详细考证,通过书中绘制的三维立体剖面图,我们得以全方位了解"左关三量"的真容。

子禾子釜　　左關鈉　　陳純釜

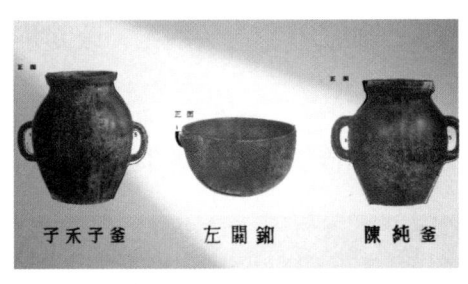

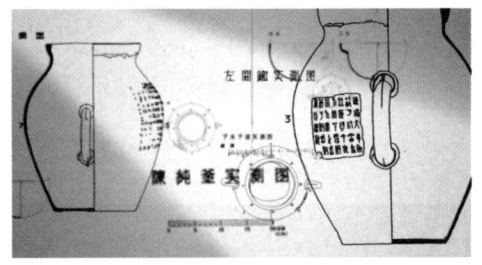

"左关三量"中的"老二"陈纯釜，腹壁处的铭文记载：陈犹命令铸校左关釜，在安陵亭使用，由陈纯负责此事。

陈纯釜和腹壁铭文

"左关三量"中的"老三"左关和，器身刻有铭文"左关之和"。

1959年，位于北京的历史博物馆落成，子禾子釜从上海博物馆拨交到了北京历史博物馆，也就是现在中国国家博物馆的前身。子禾子釜的容积是20460毫升，这就是一个标准，相当于今天的标准称。釜作为一种量器，它是不是准确，直接关系到国计民生。此外，子禾子釜的一个很重要的价值主要是由它的铭文体现的。

左关和

子禾子釜镌刻的铭文记载，子禾子负责"丘关之釜"的校验并征收关税，官吏使用标准量器，不得犯戒舞弊，如若违犯有关规定，改变釜的容量，则视情节轻重予以不同惩罚。

这篇铭文是中国至今所见最早的有关度量衡管理的法规条例。

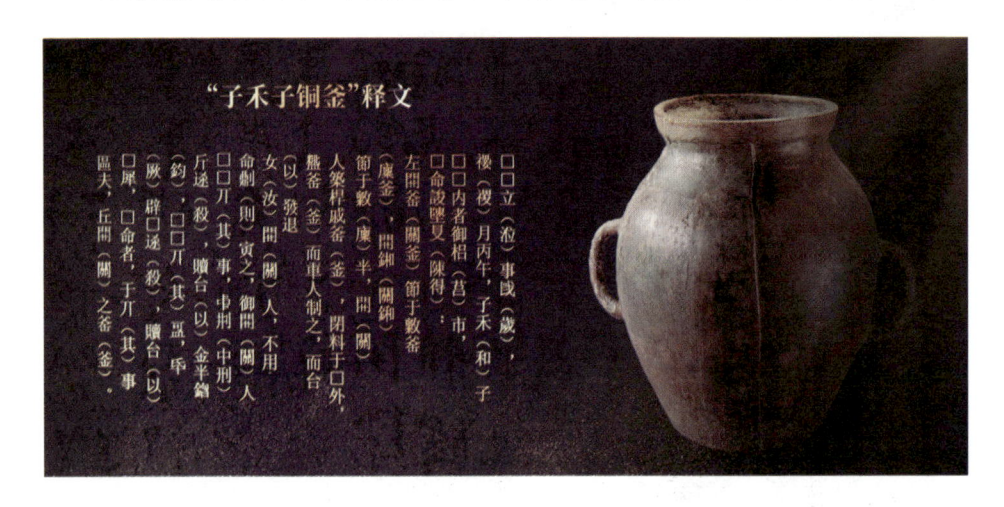

"子禾子铜釜"释文

□立（涖）事（岁）□□月丙午，子禾（和）子□命诸御椑（莒）市，陈得□命设堥夏□□左间嵜，闿（阚）节于数嵜（廪釜），间𨚐（阚）𨚐（阚）节于数嵜（廪釜），间𨚐（阚）半，闿（阚）人鋷样戚嵜（釜）而車人制之，而台（以）发退□节于𡩒（数）人，不用女（汝）问（闻）人，不用命刜（则）寅之，御间（中刑）□厅（其）事，中刑（中刑）人斤迱（杀），□厅（其）赎台（以）金半鎰（钧），□厅（其）赎台（以）厥，辟迱（杀），于厅（其）事区夫，丘间（阚）之嵜（釜）。

那么，"左关三量"铭文中提到的子禾子、陈纯、陈犹究竟是什么人？史料中是否有明确记载？他们与齐国以及齐长城又有怎样的命运纠葛呢？

陈犹 陈纯 子禾子

陈纯铜釜

左关𨚐

子禾子铜釜

公元前672年，陈国发生了内乱，公子陈完匆匆逃往齐国。齐桓公望着这位落难公子，或许联想到自己也曾有过流亡避祸莒国的经历，便让陈完做了工正之官，也就是掌管齐国工匠和手工业制造的大总管。落户齐地的陈氏从此以读音相近的田氏自称。历经近300年的苦心经营，田氏逐步掌控了齐国的经济命脉。公元前386年，陈完的后代田和一举取代姜齐，并被周天子封为诸侯，史称"田氏代齐"。

子禾子正是田齐第一代国君田和做大夫时的称谓，陈纯、陈犹也是田氏一脉。齐桓公做梦都不会想到，当初的同情之举换来的却是姜齐的倾覆。

度量衡在这场政权更迭的斗争中起到了举足轻重的作用。先秦时期的度量衡制度多元且复杂，各个诸侯国之间，甚至诸侯国政府和大臣贵族之间，使用的度量衡的体系也不一样。

齐国田氏，作为日渐兴盛的大宗族，租借给民众粮食的时候用大斗，等到民众偿还粮食的时候用小斗。也正是通过这样的方法，田氏让老百姓得到了实惠，从而收获了民心，为后来的"田氏代齐"奠定了一定的基础。

在"左关三量"的铭文中，出现了左关、丘关和安陵亭等地名。郭沫若在《两周金文辞大系图录考释》一书中对"左关三量"考证时认为，"安陵"即青岛胶南灵山卫一带，"亭"是地方行政组织，也是当时关市所在地。

灵山卫旧址，距离齐长城入海处约9000米，始建于明朝洪武三十一年（1398年），是明朝北方四大卫之一。

左关，已有学者考证位于齐长城入海处和徐山之间，是齐长城的最后一座关口。

青岛徐山段齐长城

"左关三量"的出土，说明左关具有税关的性质。齐国在此设立海陆关隘，委派官员进行赋税管理，并专门铸造量器，说明此地不但在军事上，而且在沟通南北贸易往来中发挥着重要的调节作用。因此，把齐长城上关口的管理机构视作最早的海关也未尝不可。

海关、税收、度量器具……这些与齐国经贸活动密切相关的遗址文物，我们今天还能找到与之相应的其他佐证吗？

齐长城在潍坊市诸城桥上村和日照市五莲县之间穿越马耳山，马耳山是两市的界山，因双峰矗立，形如马耳得名。在马耳山段齐长城以南大约 25 千米处，日照市五莲县内，有一座牌孤城遗址。战国时期，牌孤城与东北方灵山卫、西南方莒，以及西北方的穆陵关，都有互动连带的关系。

五莲牌孤城遗址

五莲马耳山段齐长城

在牌孤城东侧，有一条古老的商道，是齐国与南方诸侯国贸易往来的交通要道。

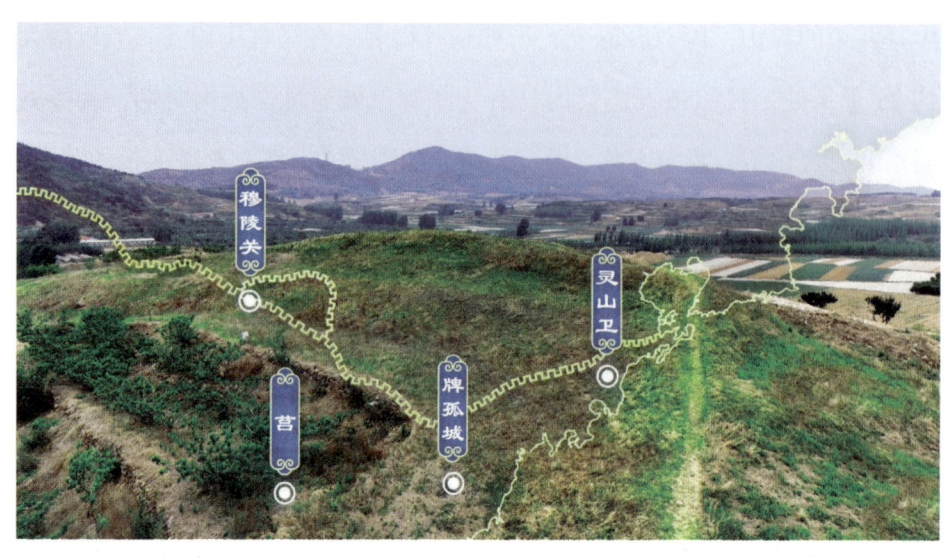

牌孤城商道线路图

孙敬明，中国先秦史学会理事，现为山东博物馆特聘首席专家。1973年，孙敬明在齐长城沿线做文物调查的时候，发现了一宗战国时期的铜质玺印。孙敬明说，这批玺印在20世纪60年代发现于牌孤城，一共出土了13方，当时他见到的是8方。

牌孤城出土的战国时期铜制玺印

铜质玺印形制古朴，上面镌刻篆书"左桁正木"四个字，应该如何解读呢？

孙敬明认为，"左桁正木"即"左桁（横）正（征）木（玺）"，是左横关卡用来征税的玺印。桁，可以解释为一个横着的木头，像栏杆一样，挡着车马和行人，其目的是收税。官吏给通行者盖上印章以后，就证明已经完成了收税过程，才可以放行。

古代政府机关是通过在长城的沿线设置边卡来征收关税的，不管是齐长城还是秦长城和明长城，实际上都起到了一个类似于今天贸易边界的作用。

"左桁正木"作为征税的税章，与"左关三量"互为证明，齐长城沿线的关口具有扼守商道、稽查征税的功能，相对于其军事作用，齐长城的经济作用同样十分重要。

那么，在齐国与他国的商业交往中，有没有体现齐国地域特色并使他国求之难得的紧俏商品呢？答案是肯定的。

夙沙氏，相传是炎帝时期居住在胶州湾一带的一个善于"煮海为盐"的东夷部落首领，他是中国海盐鼻祖，被后世尊为"盐宗"。相较于西北的湖盐、河东的池盐和四川的井盐，齐地的海盐无论产量、质量还是运输便利程度都稳居榜首。海盐是齐国引以为傲的"拳头产品"，也是他国趋之若鹜的大宗商品。

《尚书·禹贡》中提到九州之贡品，齐国的贡品非常特殊，就是盐。

姜太公立国之初，首倡农工商并举，制定了"通商工之业，便鱼盐之利"的基本国策。到齐桓公时期，又制定了"通轻重之权，徼山海之业"的具体举措。齐长城的修建和齐国盐铁业的发展有着密切关系。

从盐业遗址分布来看,在渤海湾、胶州湾、潍淄流域,商朝晚期就已经出现了大量的盐业作坊群。考古发现,整个莱州湾和黄河三角洲在春秋末年和战国时期的盐业更为发达。目前发现的盐场超过了1200多处,都是在齐国的疆域范围之内。

位于山东省寿光市的双王城盐业遗址群,是商周时期的制盐中心,面积达30平方千米。

寿光双王城盐业遗址

文物考古部门经过多年努力,进一步厘清了商周至金元时期齐地盐业遗址群的分布规模、工艺流程等问题,为姜太公的"通商工之业,便鱼盐之利"和管仲的"官山海"提供了考古实证。

"官山海"是什么意思呢?就是山和海这两种资源国家要垄断、要控制。比如说铁矿是从山里面出来的,海里面有鱼盐之利,国家只要把这两部分资源控制起来,就足够国家的财政支出。

管仲主张由国家垄断食盐产销。每年冬闲之际都要用海水煮盐,十月开工,至于正月,收获成盐三万六千钟,卖到梁、赵、宋、魏等国,

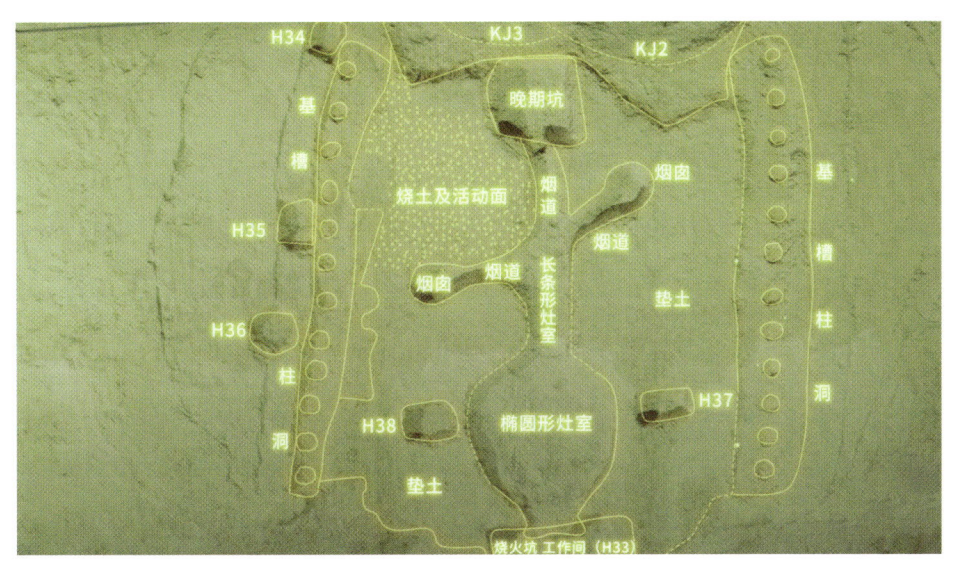

古法煮盐示意图

当地百姓皆食齐盐。大批食盐流通到各国，换得"成金万一千余斤"。

海盐是齐国向其他诸侯国出口的"拳头产品"。贩卖海盐利润巨大，虽然政府控制了销售渠道，不允许民间私营，但面对巨额利润，海盐走私屡禁不绝。

为了打击海盐走私，途经齐长城关口的条条商道就成了齐国监管和防控的重点。齐国这样做既可减少私盐泛滥，增加税收，也能规范齐长城内外的贸易秩序。盐运通道的关键节点连成一片之后，就有边墙出现，这就是我们讲的齐长城最早的雏形。

齐鲁师范学院的国光红教授长期研究先秦史和齐文化，并曾对齐长城做过两次实地考察。在考察研究齐长城的过程中，国光红教授对齐长城肇建原因形成了自己独到的见解，其学术观点发表于核心期刊《历史研究》，亦收录于专著《齐长城与管子：齐长城经济文化考察》一书中。他认为，齐长城一旦修成，在齐国贩卖盐就必须交大量的税。管仲用这些办法实现了食盐的国家垄断。

我们在这一章开篇提到了一个观点，齐国修建齐长城是为了防范海盐走私。这个观点的提出者就是齐鲁师范学院的国光红教授。

公元前307年，赵武灵王推行"胡服骑射"之后，善于长途奔袭的骑兵广泛投入战场，这让赵国军队变得更迅猛、灵活多变。春秋时期按部就班的交战礼仪、不便机动的战车逐渐退出历史舞台。同时，铁制工具的大量使用，为在山地进行齐长城的建造提供了技术保障。

齐国的腹地有着丰富的铁矿资源，尤其是战国时期，铁器工业相当发达。

齐国对铁业采取了官营和民营并举的方针，极大推动了铁矿开采、矿石冶炼、铁器铸造业的发展。从齐国故城临淄西行十几千米，就来到了淄博市张店区中埠镇铁冶村。村西北有一座海拔约255米、占地面积约10平方千米的小山，名为"黑铁山"。

淄博黑铁山

从黑铁山开采出的矿石，被运到临淄城内冶炼。当时主要采用竖式炼铁炉冶炼生铁，燃料为木炭，冶炼中加入少量石灰石做助熔剂，生产工艺流程已相当成熟。先进的铁器工具让大规模岩石开采和齐长城的建造成为可能。

铁器冶炼场景复原

《考工记》是春秋末年齐国人记录手工业技术的官书，也是一部手工业技术的规范总汇。书中详细记载了车舆、宫室、兵器以及礼乐诸器

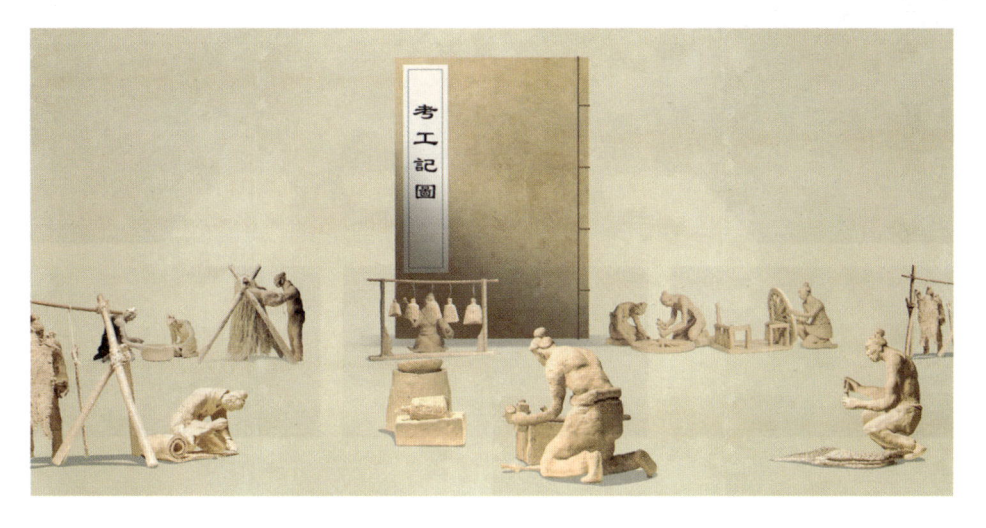

的制作，是研究中国古代科学技术的重要文献，也从另一个侧面反映了齐国手工业的发达。

　　这一点我们可以从齐国的文物当中得到验证。比如说牺尊，是像犀牛

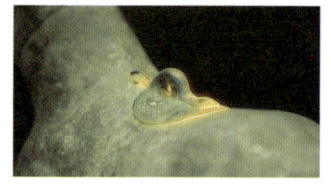

齐国牺尊

一样的一件酒器，代表了战国时期齐国乃至当时天下手工业的最高水平。它通体以铜为胎，盖子是一个脖子向后翻转的禽鸟的形状。羽毛是用金银丝勾勒出来的，又镶嵌了绿松石，而且两千多年前的古人已经懂得焦点透视原理，把牺尊塑造得栩栩如生，如在眼前。

齐国手工业的大发展，大大地促进了齐国和其他诸侯国之间的交流，也提升了齐长城在列国交往当中的地位，对齐长城的修筑、齐长城关隘的建设都产生了重大的影响。

齐国市井图

齐长城是一个非常庞大的系统工程，一方面要有物质基础，另一方面要有很精细的测量技术、施工技术，甚至对运算乃至数学等各个方面的能力都提出了更高的发展需求。

齐长城源头的考古发掘揭示出这样一个事实，像平阴邑这样的军事重镇，同时也兼具商贸重镇的角色。在商工立国思想的指导下，如何让以贩运为主的商贸活动形成高效运转的闭环，齐国在招商、留商、亲商、惠商等方面出台一系列"国策"，以至于功成身退的范蠡也慕名来到齐国，成就一代"商祖"传奇。

二

　　据《晏子春秋》记载，齐景公时期，齐长城源头平阴邑做各种生意的商人就有上百家之多，这都得益于济右走廊和济水水道的便利交通。

　　2005年，为配合南水北调东线工程济平干渠段建设，考古人员在

南水北调工程济平干渠段

齐长城源头北侧济南市长清区大街村发掘出春秋战国时期的大型手工制陶作坊群遗址。仅从暴露的部分看，遗址面积至少有10万平方米。

济南长清大街遗址考古现场

大街遗址主要发现了两个阶段的文化遗存：一个是东周阶段的，另一个是宋元阶段的。

大型手工制陶作坊遗址群

结合附近的古平阴邑、防门古道和济水水道，可以遥想当年的车舟并济、商贾云集的繁盛景象。

齐国常年在齐长城关口驻军，以维护治安，保护商旅，促进了以贩运贸易为主要形式的商品流通。

齐长城关口复原

齐都临淄场景复原

齐国对外贸易的主要通道都要经过齐长城，齐长城关隘对保护商道的安全发挥了巨大的作用。

齐国制定一整套"招商引资"优惠政策，积极延揽人才，优化营商环境。比如，凡是在齐国边境关卡缴了税的，到了齐国市场上，就不用再缴税；凡是在齐国境内市场上缴了税的，在齐国边境关卡，同样不用缴税。而且特别规定，空着车子来齐国做买卖，或者没有车子，肩膀扛着东西来齐国做买卖，这两种情形一律免税。

齐国在主要道路上，每30里设一个驿站，安排官员为客商提供食宿。在这里，舟车劳顿的客商们找到了宾至如归的感觉。客商与齐国官员各执契券，客商到临淄后才交一定费用。待客礼仪与收费数目如有不当，齐国官员会被治罪。

客商进入齐都临淄，还能享受其他国家无法比拟的优惠政策。齐国专门设立迎接客商的馆驿宾舍，根据客商的车马数量，确定服务等级：带一辆车的客商，官府免费提供饮食；带三辆车的客商，另外免费提供

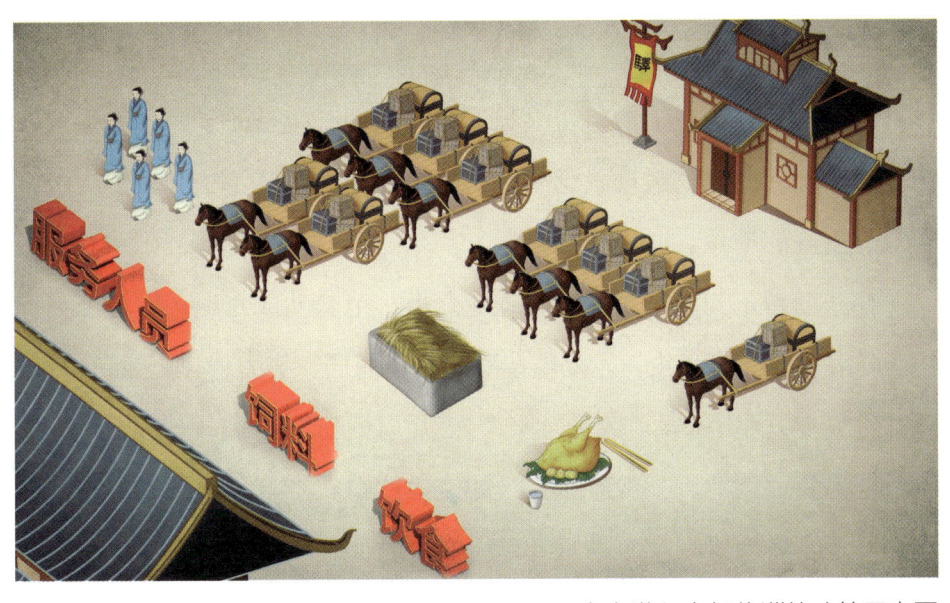

客商进入齐都临淄的政策示意图

牛马饲料；带五辆车的客商，则由官府配备五名专门的服务人员。

据《管子》记载，因为齐国实施了这些优惠政策，一时间天下商贾归齐若流水。

在穿越齐长城流水般涌入齐国的人潮中，有一个人的身份比较特殊。他是春秋末期著名的政治家、谋略家和经济学家，被后世尊为"商祖"和"财神"，他就是范蠡。

肥城范蠡雕像

范蠡是中国历史上的传奇人物。今天我们对范蠡的了解，可能首先想到的是他和西施的故事，但实际上范蠡在中国的商业史和经济史当中也具有很高的地位。

在扶助越王勾践复国并成就霸业之后，范蠡功成身退，辗转来到齐国，化名为"鸱夷子皮"。范蠡在海边结庐而居，努力耕作，兼营捕鱼、晒盐等副业，很快积累了数千万家产。之后，他把这些钱都施舍给了贫民。

范蠡营商创业、三致千金，又能广散钱财救济贫民且淡泊名利，以至司马迁不吝夸赞："范蠡三迁，皆有荣名。"

当时中国版图那么大，有那么多的诸侯国，为什么范蠡到齐国来呢？

肥城陶山范蠡祠

这说明齐国商贸的环境是非常优越的。

范蠡晚年隐居陶丘,一说为今天菏泽市定陶区,一说为泰安市肥城市附近的陶山。陶山在齐长城源头南侧,有范蠡祠、范蠡墓。千百年来,常有文人雅士来此凭吊缅怀。

雄关古道，军备常设，护持商贾，把控国门。巨额的商品流通让齐国富甲东方，鸟瞰群雄。《管子》提出"官山海"，把经商上升为国家战略，由此开启了中国最早的商战。齐国通过紧俏商品流通态势的调控和齐长城关口的把控，致使敌对国深陷经济或民生危机，从而兵不血刃，出奇制胜。

三

商业的发达离不开道路的通畅。两周时期，齐国逐渐形成了以齐都临淄为中心点的四条穿越齐长城的国家级"官道"——自临淄过齐长城、

四条官道地形图

南出穆陵关至莒国一线；自临淄过齐长城经城子要塞、莱芜谷至泰安、曲阜一线；自临淄西经平陵南出齐长城锦阳关、阳关至鲁南一线；自历下邑经平阴邑过齐长城至陶邑一线。

中国早期的所有公路基本上都是利用现有的官道改造的。如果一条官道到清朝还能做主要道路，肯定是在历史上经过无数次的试错以后，形成的最好的选项。比如齐国当时的道路，如果一直到秦始皇的时候还在使用，那么这条道路肯定是比较成熟稳定的，就是秦始皇后来下令建驰道，也会利用这条路。

锦阳关大道穿越齐长城锦阳关，在春秋战国之际，就已经成为一条连接齐、鲁两国的商旅通道。

锦阳关大道（省道242线 济莱高速）

济南市章丘区大寨村坐落在齐长城北侧。村里保留有20多块石碑，记录了与齐长城有关的历史。

这方立于道光十二年（1832年）的《重修长泰桥碑》记载："章邑大寨庄者，道贯南北两京，路达远近十省，周围商贾接踵而至，车马蚁行而来。"由此可见，近200年前，这条古道依

重修长泰桥碑

然是一派车水马龙的景象。

经行齐长城青石关的南北古道是齐国国都临淄到鲁国国都曲阜最近的一条通道，但因地势险峻，不利于车马通行，明清之后，才日渐兴盛。青石关北侧有一条两山夹峙形成的关沟，古称"瓮口道"。因为往来车辆经年累月的碾压，青石板路面上留下了形如沟壑的车辙。

济南莱芜青石关

车辙印痕

深深的车辙印痕，见证着当年的繁忙景象。承载过千百年人力和车马的重压，坚硬的青石路路面已被剥蚀下陷一米多深。

穿越青石关的这条路被当地百姓称为"齐鲁古道"，一直用到20世纪60年代，是当时博山到莱芜的交通要道。

民国时期，《莱芜县志》对这条路也做了记载："口镇经和庄、青石关至博山一线，每日车推肩挑、骡驴驮运的商客络绎不绝。"

由此可知，齐长城虽然是一道线性长墙，但这道墙不是纯防御的，不是完全封闭的，通过关口和道路，长城内外的人员往来和货物进出都要经过此处。

齐国的经济学家和思想家们非常注重利用经济上的往来进行商战。穿越齐长城的条条商道和座座关口，在支撑齐国经济命脉的同时，也成为齐国削弱他国经济实力、进行超常规商业竞争的工具。

诸城永镇关复原建筑

公元前684年，齐国在长勺之战中战败后，深陷鲁、梁两国的夹击。由于刚刚打了败仗，齐桓公在军事上又无能为力，他的心情立马阴郁下来。

管仲从经济学的角度，给齐桓公提供了一个完整的贸易战策略。鲁、梁两国擅长生产一种纺织品，叫绨。管仲让齐桓公穿上鲁地所产的绨制成的新衣，同时要求文武百官也穿绨衣。上行下效，齐国百姓也跟着齐桓公和文武大臣们穿起绨衣。一时间，绨衣成为临淄街头最流行的服饰。

管仲同时下令，齐国的国民不允许制作绨衣，只能从鲁、梁两国进口，这相当于需求增加了，供给却减少了，按照经济学的原理，这时候绨的价格就会上升。

鲁国的大街小巷，人头攒动，全民兴高采烈地制作绨。因此，农田荒芜，无人耕种。

就这样一年多过去了，齐国突然下令禁止穿绨衣，禁止从鲁、梁两国购买绨，同时严禁把粮食出口到鲁、梁两国，在齐长城各关口严加盘查。

用今天的话说就是把贸易通道给封闭了，原来齐国都从鲁、梁两国进口绨，现在不仅不进口绨了还不出口粮食。一时间绨价大跌，鲁、梁两国百姓织了一年的绨，顾不上耕种土地，因此粮食缺乏。鲁、梁两国百姓想再去种粮食，但是为时已晚。

望着堆积如山又不能果腹的绨，鲁、梁两国上下都慌了神。

过了一段时间，管仲示意齐人以百倍于国内的价格出售粮食给鲁、梁两国。齐国粮食在国内只卖每石十钱，鲁、梁两国买则要每石千钱。

为了生存，鲁、梁两国的老百姓都跑到齐国去了，两年内走了十分之六。三年后，鲁、梁两国之君找到齐桓公，表示他们甘拜下风。齐桓公用贸易战，不战而屈人之兵，终于出了一口胸中的闷气。

这就是我们在《管子》这本书当中看到的非常精彩的贸易战。因此，西方经济学家把《管子》这本书称为"经济学《圣经》"。

《管子》"轻重"诸篇中，类似的商战事例还发生在齐国与楚国、莒国、莱国等诸侯国之间，只不过把绨换成了柴薪、狐皮、兵器、麋鹿而已。据《左传》记载，鲁庄公十七年，"冬，多麋"。这一记载虽然字数寥寥，却反映了一个奇怪现象。麋鹿多产自温润潮湿的楚国，为什么在寒冷的冬季，本不适合麋鹿生长的鲁国却突然涌来大群麋鹿呢？

那些冬季大量出现在鲁国的麋鹿，也许正是齐国收购太多，冬季饲料不足，从齐国跑过去的。

齐国高价从楚国购买大量的麋鹿，楚国人就在春耕的时候忙着去捕鹿、猎鹿。在楚王的鼓励之下，楚人捕麋鹿、卖麋鹿已经到了痴迷的程度，农民无心种地，士兵没心思操练。有位大臣看出了问题，赶紧提醒楚王，老百姓忙着抓麋鹿，土地没人耕种，一旦闹粮荒可就危险了。楚王不以为然，他认为既然卖麋鹿可以赚钱，有了钱自然可以买粮食吃。

第二年春天的时候，齐国就切断了齐长城上的边卡，把齐国通往楚国的贸易商路给阻断了。齐国不收麋鹿，不卖粮食，楚国出现了大片的饥荒，国家动荡，老百姓大量逃亡到齐国。

眼看着国家百姓陷入困境，楚王不得不向齐国低头，派出使者低声下气地向齐国高价求购粮食。这样一来，齐国不仅资金回流，大赚一笔，而且让楚国大伤元气。

《管子》的经济思想带有浓厚的集权调控色彩，齐长城及其关口成为调控工具。当他国单一化经济接近崩溃临界点之时，齐长城关口的开合，可以精准地把控紧俏商品的运行态势，成为引爆他国内乱的导火索，从而实现国家利益最大化。

管仲雕像

《管子》真正伟大之处在于其中的经济理论，在于其中的轻重思想。

轻重论指的是国家要有所作为，要出手干预经济，否则经济天平不可能自动实现平衡。轻重论思想对我们今天的经济建设、国家治理依然具有很强的借鉴意义和现实参考价值。

纵观中国几千年的封建王朝史，垄断盐、铁、茶等物品，来控制税收、制衡周边国家的做法，其实都源自齐国管仲的经济思想。

淄博临淄管仲纪念馆

公元前126年，司马迁开始壮游天下。他游历齐国，发出"洋洋哉，固大国之风也"的赞叹。司马迁首创《货殖列传》，为商人树德立言，让工商文明的因子融入中华传统文化，为齐长城悠悠古商道留下一段可供后人驻足回望的风景。

走过沧海桑田，齐长城往昔的辉煌也走进了历史。但齐国"尊贤尚功，奋发有为，通权达变，与时俱进"的精神特质早已深深植入它的经济理念和商业文明之中。从姜太公"商工"立国，到齐桓公成为"春秋五霸"之首，齐国强大的工商实力支撑起八百年国祚，使齐国繁盛东方，国运绵长。

第四章
齐地寻古

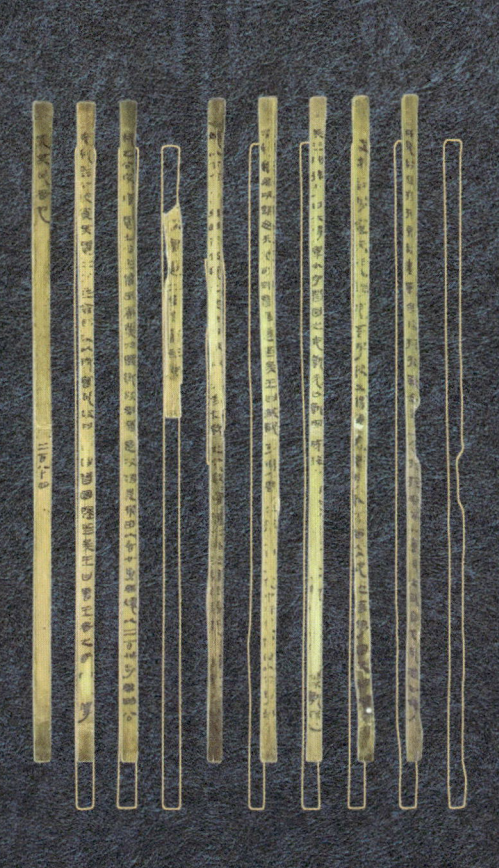

《孙子兵法》竹简

出土：
临沂银雀山汉墓

馆藏：
山东博物馆

扫码观看纪录片
《齐长城》第四集

引子

孔子见过齐长城吗？

答案是，他不仅见过，还穿越过齐长城。

孔子和齐长城谁的年龄大？

答案是，齐长城比孔子大四岁。你相信吗？

公元前555年，齐长城因齐晋平阴之战而肇始于济水之畔，四年后的公元前551年，中国儒家思想的开创者孔子诞生于鲁国陬邑，也就是今天的山东曲阜。

孔子出生前四年，济右走廊上的巨防长城已经开始修建。在孔子的生命长河中，齐国和齐长城又给他增添了哪些人生阅历，并留下怎样的体验和感悟呢？

孔子适齐，向齐王推介自己的政治主张，非但未被采纳，反遭权臣嫌忌，仓皇离齐，略显几分狼狈。但此行却给后世留下了"苛政猛于虎"的慨叹和"子在齐闻韶，三月不知肉味"的美谈。在齐长城脚下，孔子看望女婿公冶长，亲手种下两株银杏树，如今仍枝叶繁茂，冠盖盈亩，被誉为"中华第一雌雄银杏树"。

一

鲁昭公二十五年（公元前517年），鲁国发生"斗鸡之变"，并由此引发了内乱。操纵着鲁国大权的季平子与另外一个鲁国贵族昭伯，因斗鸡赌博时双方作弊而发生纠纷。对于季平子操纵鲁国大权，鲁昭公早已不满，便趁着这个机会，出兵围困了季平子。关键时刻，鲁国的另外两家世卿叔孙氏与孟孙氏非但没有支持国君，反而派兵救援季平子，鲁昭公大败，被迫逃亡到齐国。35岁的孔子也去了齐国，这是他生平第一次有记录的政治活动。

齐国是春秋霸主，常与鲁国发生纠纷，这次齐景公

油画《因膰去鲁》（孔子博物馆藏）

能够接受鲁昭公的避难并礼遇孔子，当然也是因为与鲁国当权者斗争的需要。

孔子适齐，虽然是迫于鲁国的内乱，但是深层的原因还是孔子想借助齐国实现自己忠君尊王、安定天下的政治理想。

在去齐国的路上，发生了一件令孔子刻骨铭心的事。

《孔子家语》中有这样的描述："孔子适齐，过泰山之侧，有妇人哭于野者而哀。"泰山，横亘于齐、鲁之间，齐长城从其西北侧济水之滨起步，沿泰沂山脉分水岭向东修建。孔子适齐，应该是沿着泰山的东侧向北行进，可穿越的路线有三条，自西向东为锦阳关、青石关、淄河谷地的城子要塞。他具体走哪条路历史上并没有明确记载，穿越锦阳关的大路被称为鲁道，最符合"泰山之侧"的描述，因此，史学家推测孔子走的是齐长城上的锦阳关。

《孔子圣迹图·子路问津》动画版

当孔子一行路过一段山坳时，有一中年妇人在一座新堆起的坟墓前哭泣。孔子让子路问她何人去世。妇人说，她的公公、丈夫、儿子先后被老虎咬死了。子路又问她为什么不离开这里。那妇人说这里没有繁重的苛捐杂税。子路把打听到的情况向孔子转述,孔子被深深地震撼,在泰山齐长城脚下,孔子发出"苛政猛于虎"的千年感叹,这也反映了孔子仁政、德治和惠民的思想。

孔子穿越齐长城的关口到了齐国,见到了齐景公。齐景公一开始还是很欣赏他的。齐景公对孔子表示了必要的礼遇,也向他请教了治国之道,孔子提出了著名的"君君、臣臣、父父、子子"的理论。还有一次,孔子向齐景公提出了"政在节财"的建议。

当时,齐相晏婴辅佐齐景公。晏婴是一位务实派的政治家,他认为孔子讲求礼节,学说烦琐迂阔,他的主张与齐国工商立国的精神相悖,若采纳孔子的主张,会扰乱齐国的政令和风俗。齐景公接受了晏婴的劝谏,对孔子的态度发生了转变。过了一段时间,齐景公再接见孔子时,对孔子说:"我老了,不能用你了。"这话显然是在冷淡孔子。又有传闻说,齐国的大夫要加害孔子,于是孔子决定离开齐国。据说,孔子离开齐国时,因处境危险而相当仓促。

《孟子·万章下》中有这样的记述:"孔子之去齐,接淅而行。"

《孔子圣迹图·晏婴沮封》〔明〕（孔子博物馆藏）

这句话的意思是不等淘好的米下锅煮熟，就赶紧捞出来装入袋子，袋子还滴着水就匆匆上路了。和三年前经锦阳关来齐国时的踌躇满志不同，这次孔子是抄小路绕过锦阳关逃回鲁国的。

"接淅而行"与"在陈绝粮""被困于蔡""丧家之犬"是孔子人生的灰暗时刻。磨难出真知，所有的伟大都是苦难岩石上开出的花。

孔子在齐无为而归，他的儒学理念没有得到认同。深层次原因是，鲁国是周公的封地，延续着周的礼乐制度，其治国方略中，礼乐占了极大比重；齐国则是姜子牙的封地，姜子牙提倡发展工商经济，奖励军功，把富国强兵作为治国方略。"春秋无义战"，孟子真是一语中的。无义战的天下，当然崇尚尔虞我诈，言必称周礼、处处教导国君实施仁政的孔子，在齐国碰壁也就成为必然。

孔子适齐，看似并不愉快，却给后人留下了"子在齐闻《韶》，三月不知肉味"的千古美谈。

韶乐，为上古舜帝之乐，是一种集诗、乐、舞为一体的综合古典艺术。《汉书·礼乐志》记载，舜帝之后韶乐在陈国流传，到了春秋时期陈国的公子陈完逃到齐国，也就把韶乐带到了齐国。

《孔子圣迹图·在齐闻韶》〔明〕（孔子博物馆藏）

孔子赞叹舜之乐是"尽美矣，又尽善也"。武王由于伐纣而得天下，其乐带有杀伐之声，所以孔子说，武王之乐是"尽美矣，未尽善也"。

公子陈完带到齐国的"韶"，跟东夷的一种古舞结合起来，又得到了改善提升，这就是孔子在齐国闻到的"韶"，它比原来的"韶"更完美，更具有创新性、艺术性。

孔子博物馆所属的箫韶乐团，复原了两千多年前的一些乐器，如编钟、编磬、鼓，还有大瑟、小瑟、笙、竽等，希望尽量还原上古音乐风采，让人们在优美的古乐中，品味儒家文化精髓。现在，箫韶乐团的表演已经成为人们来孔子博物馆必看的项目。

孔子闻韶处位于今天山东省淄博市齐都镇韶院村北，为一处规模不大的淡灰色仿古建筑。门内北墙正中镶嵌着一方石碑，碑上题刻隶书大

孔子博物馆箫韶乐团表演

箫韶乐团复原的乐器

字"孔子闻韶处"。石碑左右分嵌两方石刻，左边一块为"舞乐图"，右边一块为"韶乐及子在齐闻韶"简介。

临淄孔子闻韶处

2023年，齐文化研究院与山东理工大学音乐学院合作，对历史上的韶乐进行了文史和乐理方面的系统梳理，较为准确地复原了一套琴瑟和鸣的韶乐。

山东理工大学齐国雅乐研究成果汇演

山东理工大学音乐学院教授李红云告诉我们，本着让文物说话，让文物发声的原则，创作团队重新对博物馆里的文物进行了测音，为韶乐当中最重要的乐器编钟、编磬复演奠定了基础。

"十五国风"是《诗经》的精华，共计160篇，其中包括齐国的《齐风》11首。这次李红云的创作团队也把齐国本身的音乐风貌和《齐风》做了很好的结合，突出体现了韶乐和齐文化的特点。

除了孔子之外，吴国公子季札也是齐国礼乐的知音。《左传》记载，吴公子季札出使鲁国，鲁国人为他表演周王室的乐舞。当乐工为他演奏《齐风》时，他说："美哉！泱泱乎，大风也哉！"从此之后，"泱泱齐风"成为齐文化的代名词。

正是有了孔子和季札的评价，韶乐和齐乐才能给后人留下美妙的怀想。

潍坊安丘市的城顶山，海拔429米，因山顶建有齐长城而得名。虽然经历了两千多年岁月的磨砺，城顶山上的齐长城依然残存2米多高的夯土。在城顶山齐长城的下方有一个公冶长书院。《史记》记载，公冶

安丘城顶山

长为齐国人，也有人说他是鲁国人。他是孔子的女婿，也是孔门七十二贤之一，相传能通鸟语。

　　公冶长书院位于城顶山南坡，相传是公冶长读书处，院前一雌一雄两株古老的银杏树拔地参天，成为投射在齐长城上一道难忘的风景。

安丘公冶长书院

这两棵银杏树，相传是孔子看望他的佳婿公冶长时带来，由孔子和公冶长夫妇亲手栽植的，距今有2500多年的历史了，因此被称为"中华第一雌雄银杏树"。

雌雄银杏树

长城一道同风雨，银杏千载庇护齐鲁。从一代先师孔子身上，我们能真切感受到，齐长城是一段可以触摸的历史，它见证了齐文化与鲁文化的交流与碰撞。而稷下学宫的筹建与兴盛，更是把齐文化与鲁文化的融合推进到一个新的阶段。

> 稷下学宫兴盛之际正是千里齐长城贯通之时,这难道是历史的巧合?齐国这两大建树至今泽被后世,其中又深藏着怎样的原因呢?

二

2022年2月,经过山东省文物考古研究院近五年考古发掘,位于山东省淄博市临淄区齐都镇小徐村西的齐国故城小城西门外建筑基址群,被考古专家正式定为稷下学宫遗址。

临淄稷下学宫遗址考古现场

稷下学宫虽然已经被历史的尘埃埋入地下，但是那些先哲充满睿智的思想如同指引我们的灿烂星辰，一直熠熠生辉，成为中华文化极为重要的组成部分。

稷下学宫考古现场

稷下学宫是中国最早的官办大学，因学宫靠近临淄稷门而得名，由田齐的第三代国君田午创建，经过齐威王的复兴，到了齐宣王时期，稷下学宫进入鼎盛期。

稷下学宫场景复原

稷下学宫犹如一块巨大的磁石，吸引着天下英才纷至沓来。他们怀揣经国治世的理想，穿越齐长城的各个关口，八方辐辏，汇聚临淄。鼎盛时期，稷下学宫人数达数千人，其中被列为上大夫的就有70多人。这些稷下先生放飞思想，"不治而议论"，开启了百家争鸣的时代，点亮了华夏文明的星空。

稷下学宫场景复原

　　站在稷下学宫的遗址上回望历史，我们忽然发现齐国有两大建树至今影响深远：一是创办稷下学宫，二是修筑齐长城，而且两者在时间上还有交集，这难道是历史的巧合吗？

齐宣王在位时，稷下学宫迎来了兴盛时期，同时，在这一时期，千里齐长城完成了全线贯通。齐宣王因这两大赫赫功绩彪炳史册。

齐长城的封闭与守卫、稷下学宫的开放与容纳，正是齐国强盛与发达的关键所在。由此，我们可以想见，那道千里长城亦有着开放与容纳的另一种性格。

在历史上的绝大部分时间里，横亘齐鲁之间的齐长城并没有影响两国间文化的交流和往来。

山东临沂银雀山考古大发现破解了怎样的千古谜团？齐地兵学思想为什么对后世影响深远？

三

齐国的第一位国君姜太公，被历代帝王尊封为"武圣""武成王"，由其编著的《六韬》，被誉为兵家权谋类书籍的始祖。司马迁《史记·齐太公世家》中称："后世之言兵及周之阴权皆宗太公为本谋。"中国古代的军事理论学说，始自齐国，源自太公。在其影响下，齐国诞生了孙武、孙膑两位军事理论家，《孙子兵法》《孙膑兵法》都学习吸收了姜太公《六韬》的精华。

1972年，山东临沂银雀山发现汉武帝初年的墓葬，出土大批竹简，其中有中国古代四大兵法《孙子兵法》

孙子兵法

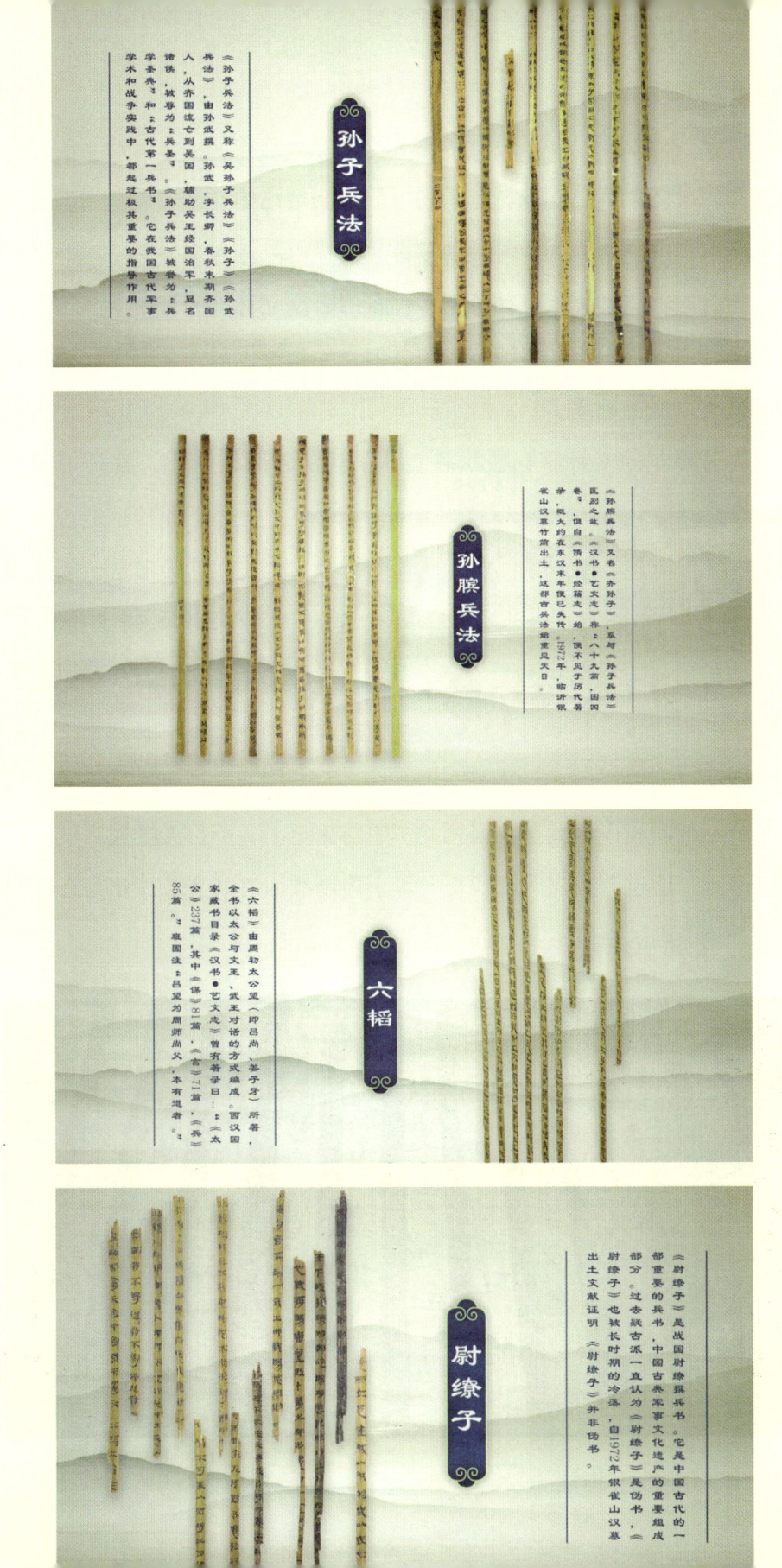

《孙子兵法》又称《吴孙子兵法》《孙子》《孙武兵法》,由孙武撰。孙武,字长卿,春秋末期齐国人,从齐国逃亡到吴国,辅助吴王绘国治军,显名诸侯,被尊为"兵圣"。《孙子兵法》被誉为"兵学圣典"和"古代第一兵书",它在我国古代军事学术和战争实践中,都起过极其重要的指导作用。

孙膑兵法

《孙膑兵法》又名《齐孙子》,原与《孙子兵法》区别之故。《汉书·艺文志》载"八十九篇,图四卷",很早的雁自《隋书·经籍志》起,便不见于历代著录,极大的雁竹简已失传。1972年,临沂银雀山汉墓竹简出土,这部古兵法始重见天日。

六韬

《六韬》由周初太公望(即吕尚,姜子牙)所著,全书以太公与文王、武王对话的方式编成。西汉国家藏书目录《汉书·艺文志》曾有著录曰:"《太公》237篇,其中《谋》81篇,《言》71篇,《兵》85篇。"原阙注曰吕望为周师尚父,本有道者。

尉缭子

《尉缭子》是战国尉缭撰兵书,它是中国古代射缭撰兵书。它是中国古代军事文化遗产的重要组成部分。过去疑古派一直认为《尉缭子》是伪书,《尉缭子》也被长时期的冷落,自1972年银雀山汉墓出土文献证明《尉缭子》并非伪书。

《孙膑兵法》《六韬》《尉缭子》等先秦古籍。这说明姜太公所著的《六韬》在西汉初年就已存在。自宋朝以后几成定论的"《六韬》伪书说"就此不攻自破。这成为当时轰动考古文博界的一件大事。

孙武的著作又称《吴孙子》，孙膑的著作又称《齐孙子》，这在汉朝的《艺文志》里记载得清清楚楚。但是等到汉以后，《孙膑兵法》这部书就再也不见记载了。

失传多年的《孙膑兵法》和《孙子兵法》同时出土，解开了历史上孙子和孙膑是否为一人、其兵书是一部还是两部的千古之谜，至此，齐地兵学再一次引发学界关注。

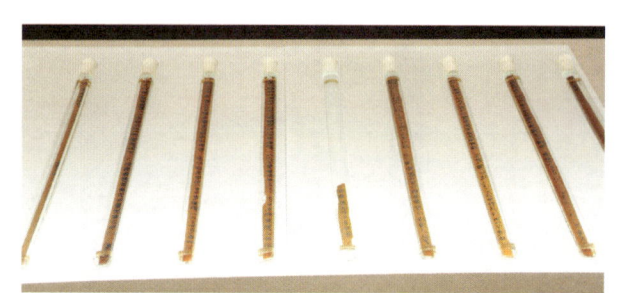

《孙子兵法》竹简

齐地兵学思想的核心是"不战而屈人之兵"，强调"军事防御至上，不打无把握之仗"的战略原则，通过"伐谋""伐交"等手段制敌取胜。齐长城正是在这一军事理论原则的指导下兴建的。

齐长城展示了齐国"修政于境内，制胜于未战"的政治理念，是齐国筑城防御军事思想的重要体现。

鲁菜实为齐鲁美食的代表，其源头可追溯至齐桓公时代，中国四大"厨祖"之一、齐桓公御厨兼大臣的易牙首创"五味调和"，其交融并济的文化内涵远超美食本身。也许嗅到美食的香气，苏东坡来到齐长城脚下的密州，不仅为词坛贡献了"密州三曲"，还在《超然台记》中眺望穆陵关，怀想齐国先贤的伟烈丰功，潇洒书就超然台变身超然楼的文坛佳话。

四

甲骨文中，"齐"字的意思是一般高的麦穗，"鲁"字表示鱼入人口，味道鲜美，引申就有了嘉美吉祥的意思。无论是"齐"的麦穗齐整，还是"鲁"的鲜鱼入口，齐长城两边的人们都离不开美食。

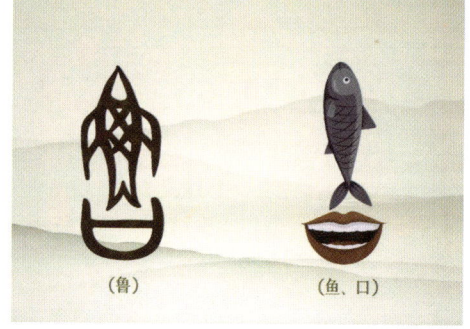

（齐）　（麦穗）　　（鲁）　（鱼、口）

"食不厌精、脍不厌细"的孔子讲究八不食，从食物的色和味、食材质量及制作方法三个方面严把进食关口。齐人在饮食方面也十分讲究。

齐桓公的御厨易牙是第一个运用调和理念从事烹饪的厨师，善于调和五味。

据说，易牙为了获得齐桓公的信任，就给他做了一道名为"鱼羊鲜"的菜，即在鱼肚子里放上羊肉烹饪的一锅汤，非常美味。那么，这道菜到底是什么味道呢？既不是鱼的香，也不是羊的膻。于是古人把"鱼"和"羊"两个字一凑得一个"鲜"字。

以齐长城为轴，齐国博山菜、鲁国孔府菜、历下邑济南菜、齐国海滨烟台福山菜，这四大菜式融合成今天八大菜系之首的鲁菜。

也许是嗅到齐地美食的味道，有着"美食家"之称的大文豪苏东坡于公元1074年来到密州，也就是今天的山东诸城出任知州。

当时，苏辙任齐州掌书记，苏轼与苏辙兄弟情深，在杭州通判任满之后，就请求调任到山东，这样就可离弟弟更近些。在密州，苏轼的创作水准达到他文学生涯的一个高峰。

古语云"密州三曲月经天"，"密州三曲"主要是指苏轼写的三首词。

江城子·乙卯正月二十日夜记梦

十年生死两茫茫。不思量，自难忘。千里孤坟，无处话凄凉。纵使相逢应不识，尘满面，鬓如霜。夜来幽梦忽还乡。小轩窗，正梳妆。相顾无言，惟有泪千行。料得年年肠断处，明月夜，短松冈。

这首词是苏轼为悼念他的妻子王弗而写，被称为"千古第一悼亡词"。

江城子·密州出猎

老夫聊发少年狂，左牵黄，右擎苍，锦帽貂裘，千骑卷平冈。为报倾城随太守，亲射虎，看孙郎。酒酣胸胆尚开张。鬓微霜，又何妨！持节云中，何日遣冯唐？会挽雕弓如满月，西北望，射天狼。

这首词是苏轼豪放词的奠基之作。

水调歌头·明月几时有

明月几时有？把酒问青天。不知天上宫阙，今夕是何年。我欲乘风归去，又恐琼楼玉宇，高处不胜寒。起舞弄清影，何似在人间。转朱阁，低绮户，照无眠。不应有恨，何事长向别时圆？人有悲欢离合，月有阴晴圆缺，此事古难全。但愿人长久，千里共婵娟。

这首词被称为"千古第一中秋词"。

熙宁八年（公元1075年），苏轼主持修葺了密州城残破的高台，在济南任职齐州掌书记的弟弟苏辙取《老子》"虽有荣观，燕处超然"之句，将其命名为"超然台"。苏轼在《超然台记》中写道："南望马耳、常山，出没隐见，若近若远……西望穆陵，隐然如城郭，师尚父、齐桓公之遗烈，犹有存者。"宋朝所见的齐长城，从公元前555年算起，也已经经历了1500多年的沧桑。苏轼站在密州城的超然台上，远望齐长城所经过的马耳山和穆陵关，依然能够感觉到姜太公和齐桓公的遗烈犹存！

诸城超然台

　　苏辙在齐州济南府为苏轼命名超然台的事传为佳话。到了元朝，著名大学士李泂曾居济南，在大明湖畔修建了居室与亭园，居室即名"超然楼"，楼名效仿苏轼所建、苏辙命名的超然台，取"离尘脱俗，不受拘束"之意。

济南超然楼

新建的超然楼是济南大明湖畔一栋标志性建筑。站在超然楼上，西望斜阳、草树、波平如镜，不禁感叹"明月几时有？把酒问青天"；向东南望去，穿越时空，似乎可见密州超然台上"烟雨暗千家"，苏轼"且将新火试新茶"的场景。

如今的超然楼已经成为网红打卡地。霓虹闪烁，人潮涌动，人们仿佛穿越齐长城的各个关口汇聚于此，在这里与故圣神游，与先贤对望，崭新的明天在火树银花中绽放。

第五章
姜女寻踪

子孟姜媵盟盘

年代：
春秋

馆藏：
诸城博物馆

扫码观看纪录片
《齐长城》第五集

引子

敦煌，东方艺术荟萃之地，中国人心中的文化圣殿。

1900年5月，敦煌藏经洞被意外发现，在随后的20多年时间里，英国的斯坦因、法国的伯希和，还有德国、美国、日本等国的所谓"探险家"们动用不同手段从敦煌掠走了四万多卷最有价值的珍贵文献。

1924年冬，一个来自中国的留学生，坐在法国巴黎国家图书馆里，仔细查阅伯希和从敦煌运来的那批文献资料，他叫刘半农。

《教我如何不想她》

天上飘着些微云，
地上吹着些微风。
啊！
微风吹动了我头发，
教我如何不想她？

月光恋爱着海洋，
海洋恋爱着月光。
啊！
这般蜜也似的银夜，
教我如何不想她？

水面落花慢慢流，
水底鱼儿慢慢游。
啊！
燕子你说些什么话？
教我如何不想她？

枯树在冷风里摇，
野火在暮色中烧。
啊！
西天还有些儿残霞，
教我如何不想她？

"五四运动"以前，汉字中的"他"无男女之分，刘半农在诗歌《教我如何不想她》中首创了女字旁的汉字"她"，受到广泛赞誉。在查阅这些古老的敦煌文献时，刘半农突然有了惊喜的发现，这个发现依然与女性有关。

> 孟姜女究竟是哪里人？孟姜女和杞梁妻是否为同一人？孟姜女哭的是齐长城还是秦长城？千百年来，人们一边追溯真相，一边为故事添枝加叶，致使人物情节更加扑朔迷离，直至敦煌藏经洞文物面世，人们才从一纸唐末手抄小曲中看到端倪。

一

顾颉刚，中国现代著名历史学家、民俗学家，他对孟姜女故事的形成和演进过程进行了严谨细致的考证。1924年，顾颉刚发表《孟姜女故事的转变》一文，轰动学术界。

1925年1月，顾颉刚收到了刘半农从法国巴黎写来的信件。刘半农这样称赞顾颉刚："你用第一等史学家的眼光与手段来研究这故事；这故事是二千五百年来一个有价值的故事，你那文章也是二千五百年来一篇有价值的文章。"

刘半农信中所指的故事就是孟姜女传说，他还随信附上了一段重要的发现，那是唐末的一首小曲《捣练子》。《捣练子》创作于唐朝末年，距今有1200多年了。《捣练子》中写道："孟姜女，杞梁妻，一去燕山便不归。造得寒衣无人送，不免自家送征衣。"

这是目前已经知道的最早把孟姜女和杞梁妻联系在一起的文字。这为追溯孟姜女传说的起源提供了充分的依据。

顾颉刚大喜过望。他在之后的文章里写道："半农的这封信使我狂喜，他把宋以前的小唱从海外找了出来！"

杞梁妻是谁？她有怎样的前世今生？又是如何演变为孟姜女的呢？这还要从发生在齐长城源头的平阴之战讲起。

公元前555年，晋国联合鲁国等十多个国家，攻打齐国西部要塞平阴邑，齐灵公修筑巨防以抵御联军。虽有长城巨防，齐国还是战败了。

齐人修筑巨防场景复原

第二年，齐灵公去世，其子齐庄公即位。

杞梁是齐庄公在位时的大夫，也有文献称其为杞殖。

齐庄公为报平阴战败之仇，袭击了曾配合晋国伐齐的莒国。齐庄公认为袭击莒国可轻易得手。但实际情况是，齐庄公伤了大腿，齐国大夫杞梁和华周战死于莒国且于门下。颜面扫地的齐庄公仓皇撤兵，退回都城临淄，在郊外遇见迎丧的杞梁妻。

齐国攻打莒国场景复原

齐庄公损兵折将，心情很不好，也许是碍于情面不愿意去面对杞梁妻，便派人向她吊唁。《左传》记载，杞梁妻面对齐庄公派来的使者，辞谢道："杞梁有罪，岂敢劳烦国君吊唁？倘若无罪，还有先人给他留下的旧宅在，民妇不能在郊外接受吊唁！"绵里藏针、以柔克刚的杞梁妻，有力地回击了齐庄公。使者回来之后告诉齐庄公，齐庄公无奈之下，瘸着伤腿，亲自到杞梁家中吊唁。

虽然杞梁妻是一个弱女子，但此时她对君王不卑不亢，为自己丈夫主张权利，确实值得称颂。

到了春秋后期，这段真实的历史又被记录于《礼记·檀弓篇》："齐庄公袭莒于夺，杞梁死焉。其妻迎其柩于路，而哭之哀。"这里的记载增加了杞梁妻"哀哭"的情景内容。

在儒家看来，杞梁妻哭夫是知礼的一个具体表现，所以儒家对杞梁妻就比较推崇，她哭夫合乎礼仪这个事情就得到了放大。《孟子》就讲到杞梁妻善哭了。

《孟子》记载："华周、杞梁之妻善哭其夫，而变国俗。"在山东淄博等地，"哭丧"一俗至今还有延续，妇女吊唁逝者的哀哭往往融入韵律和节奏，哀婉之声如泣如诉。

到了西汉，刘向在《战国策》中将杞梁妻"哭之哀"添笔为"哭城"，还出现了崩城的情景。此时的城并非指长城，而是城邑。紧接着，刘向又在《列女传》中加入了杞梁妻"投淄水"而死的情节。刘向专门写了一首诗来纪念杞梁妻投水这个事件，其诗是这样写的："杞梁战死，其妻收丧；齐庄道吊，避不敢当；哭夫于城，城为之崩；自以无亲，赴淄而薨。"

时间来到三国时期，这时候出现了杞梁妻"哭崩山"的传说。曹植在《黄初六年令》中写道："杞妻哭梁，山为之崩。"

到此时，杞梁妻还不是孟姜女，哭城、崩山、投水这些故事情节都是在《左传》记载基础上的人为放大和想象。那么，杞梁妻什么时候和齐长城联系在一起的，我们还能寻找到有价值的历史证据吗？

一座古庙遗留的唐代造像题刻，第一次向人们透露出杞梁妻哭的就是齐长城；一部唐代的志怪小说，第一次完成了杞梁妻从历史故事到通俗演义的转变；也是在唐代，杞梁妻和孟姜女第一次整合纷繁的故事枝蔓，彻底重合为同一人。

二

　　周郢，泰山学院教授，致力于泰山历史文化研究。周郢在查阅史料时发现，曾经有一座唐朝石塔，塔上镌刻了一篇《优婆夷阿刘造石浮图铭》。

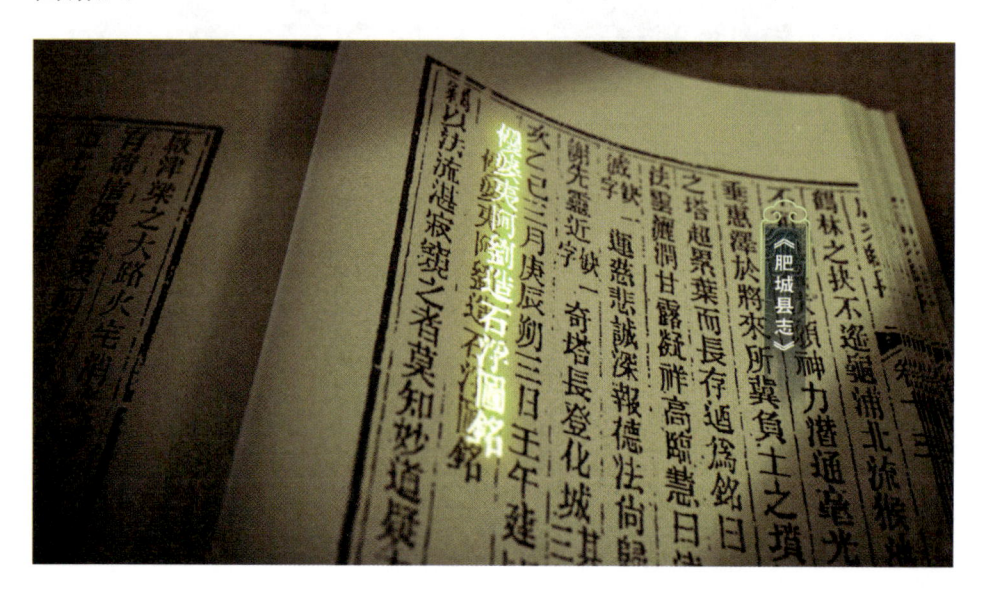

《肥城县志》

铭文中有一句话与长城和杞梁妻有关:"前瞻古堞,梁妻大哭之城。"这句话的意思是,从石塔的位置,前望古老的城堞,那是当年杞梁妻为之恸哭的长城。铭文还记载,石塔背依孝堂山,西面紧邻着驿道和驿站,东面能遥见高耸的泰山。据此,这座石塔的具体位置已经十分明确了,它在孝堂山的南边,巨防长城的北面,应该是在古平阴城内。这里的大哭之城,肯定指的是齐长城。

"梁妻大哭之城"位置示意图

《优婆夷阿刘造石浮图铭》中的"前瞻古堞,梁妻大哭之城"是目前已知最早将杞梁妻与齐长城联系在一起的文字,这表明最迟在唐朝已有杞梁妻哭齐长城的传说出现。

有唐一代,是孟姜女故事跳出原有窠臼而贴近现代版本的关键阶段。故事的一些变化,皆指向一部抄存于唐天宝六年(公元747年)的志怪小说《同贤记》。

书中记载,秦始皇征发劳役修建长城,燕人杞良为躲避劳役,跳进了孟超家的后园。孟超的女儿孟仲姿正在后园的水池里洗澡,不小心被杞良看到了。古代女性比较注重个人名节，所以孟仲姿就请求杞良娶她为妻。杞良、孟仲姿成亲后，恩爱的日子没过多久，杞良就被官府抓走去修建长城。孟仲姿给丈夫送冬衣，来到长城脚下发现杞良已死。于是，孟仲姿"滴血认骨"。

值得注意的是，《同贤记》故事的男主人公已经由"杞梁"变成了"杞良"，他的籍贯也由春秋时期的齐国人变成了秦朝时的燕地人；杞梁妻变成了孟仲姿；杞梁原本是与莒国作战时被杀的大夫，在此处变成了被官员打杀的民夫，而且多出了一段"滴血认骨"的离奇情节。后来的孟姜女正是由这个故事中的孟仲姿演化而来。

从《左传》到《同贤记》，杞梁妻的故事经历了一个从历史到通俗小说转变的过程。

唐朝末年，藩镇割据，民不聊生。诗僧贯休目睹生灵涂炭，百姓艰难，特作《杞梁妻诗》。该诗中写道："秦之无道兮四海枯，筑长城兮遮北胡。筑人筑土一万里，杞梁贞妇啼呜呜。上无父兮中无夫，下无子兮孤复孤。一号城崩塞色苦，再号杞梁骨出土……"贯休用诗歌的形式，把《同贤记》中孟姜女哭长城的故事展现出来。

这首诗既受了《同贤记》的影响，也有唐末动荡现实的折射，但它基本固定了孟姜女的故事梗概。此时，虽然出现了孟仲姿的名字，但是杞梁妻还没有完全被孟姜女取代。孟姜女和杞梁妻这两个人名，何时融汇在一个人身上，从唐朝到民国初年，一直是个未曾破解的谜团。

济南莱芜孟姜女祠

直到 1925 年，刘半农从巴黎图书馆里查阅出敦煌小唱："孟姜女，杞梁妻，一去燕山便不归。造得寒衣无人送，不免自家送征衣。"我们看到，孟姜女和杞梁妻在同一首曲子里出现了，这是一个重大发现，从杞梁妻到孟姜女如何演变的谜团彻底解开了。

就这样，从春秋时期一直口口相传的杞梁妻，到了唐朝末年，就"蝶变"为千里寻夫送寒衣并哭倒长城的孟姜女了。

> 《诗经》时代的姜女绝对是大美女的代名词，有大量的文物文献可以佐证。遍布全国的姜女庙、姜女祠让孟姜女的故事演变为世俗的神话，文化的传奇。

三

假如我们走进 2300 年前的那个时代，我们会发现孟姜女绝非传说，她是一个有血有肉、风姿绰约的齐国王室之女，是一个时代齐地美女的代名词。

齐国在"田氏代齐"之前的国姓是姜，齐国的国君之女都称姜女。当时天下以娶姜女为荣，《诗经》当中有这样一句话："岂其取妻，必齐之姜。"当时齐国最美的女子是庄姜。

那是一个初夏时节，齐国公主庄姜豪华的车队正行进在远嫁卫国的路上，清风拂过，人们得以窥见庄姜的美貌。"手如柔荑，肤如凝脂……巧笑倩兮，美目盼兮。"寥寥数语，一个活灵活现的古典美人被定格下来，典雅庄重之态处处透着高贵，细细描摹间几乎框定了中国人的审美，优美的诗句温柔了几千年岁月，成为千古绝唱。其后描述美女的作品，无论是《洛神赋》，还是《长恨歌》，几乎都能看到庄姜的身影。

齐国公主庄姜远嫁卫国场景复原

孟姜女为什么叫孟姜呢？孟，是辈分、次序。孟是指老大，姓姜的一户人家的大女儿，就叫孟姜。

潍坊诸城博物馆珍藏了一件"子孟姜"青铜盘，属国家一级文物，是父亲给出嫁的大女儿准备的嫁妆，盘内底部铸30字铭文，从其中的铭文"子孟姜媵盥盘"可知，"孟姜"在春秋战国时期就是姜家大姑娘的普遍称谓。

子孟姜媵盥盘和底部铭文

公元1368年，明朝立国。为防御元朝残部和鞑靼、瓦剌诸部的侵扰，朱元璋命令徐达在隋长城的基础上再一次大规模修筑长城。这是中国最后一个大修长城的朝代。无数筑城民夫、戍边将士，还有千百万背井离乡的移民，他们在为孟姜女的故事添枝加叶再创作的同时，也将故事流播于江南湖广、边地塞外，使其在不同地域落地生根。

到了明朝，孟姜女的故事情节基本上就完善了，核心故事情节变成了孟姜女寻夫寻到山海关，哭夫哭得长城崩塌。然后，原本八竿子打不着的秦始皇被硬塞进故事里，杞梁妻变成的孟姜女竟然还吸引了秦始皇的注意。传说秦始皇看孟姜女长得很漂亮，就想把孟姜女娶进宫。孟姜女将计就计答应了秦始皇。但是她提出了要求，让秦始皇为杞良披麻戴孝，并在海上举行葬礼。秦始皇竟然痛快地应允了。给杞良举行葬礼之后，孟姜女纵身入海，然后海上泛起了大浪，紧接着从海里边升起了三块礁石，一块高的像墓碑，还有两块矮的像两个坟包，这就形成了今天的海上孟姜女坟。

山海关海上孟姜女坟

传说中的海上孟姜女坟位于明朝万里长城第一关山海关附近，它同关城、孟姜女庙和周边的长城一样都建于明朝。生长于齐国的孟姜女在这里"移民落户"成了燕国人。多少年来，这里香火不断，人们礼敬孟姜女的忠贞刚烈，追慕感天动地的爱情故事，又为故事寄寓了无数美好的期许。

　　湖南、陕西、河北、江苏、上海等地都建有孟姜女庙或贞女祠，孟姜女坟也有多处。各地的孟姜女传说都融入当地特色，虽与当初《左传》中记载的齐国大夫杞梁妻吊唁的历史事实相去甚远，但历经千百年人们的附会和想象，孟姜女已成为世俗的神话、文化的传奇。

山海关孟姜女庙

孟姜女雕塑

从声光电的舞台演绎和说唱艺人口中，我们感受到真切存在的孟姜，循着前人的笔记和诗文，我们寻访传说中孟姜女曾经的行迹。雕塑、祠庙、小说、电影、连环画、歌舞剧、地方戏……不同的艺术形式都在以各自的方式讲述着同一个故事。孟姜女已同牛郎织女、白蛇传、梁祝一道，成为中华文化口口相传的非物质文化遗产。

四

济南方特实景演出现场距齐长城的起点平阴邑大约50千米，在这里观看舞台剧《孟姜女》仿佛有一种时空穿越的感觉。舞台上的故事情节基本采用了明朝版本，背景是秦始皇修长城。新婚之夜，范杞良被官兵抓走，被迫离开心爱的妻子孟姜女，和众多百姓一起远去边关修筑长城。寒冬腊月，大雪纷飞，孟姜女千里送寒衣，却得到丈夫的死讯。这种阴阳两隔的悲惨结局自唐朝就已定型，而在由声、光、电创造的奇幻

舞台剧《孟姜女》

时空中，孟姜女和范杞良隔世相逢，鸳梦重温，自由翱翔，这又何尝不是人们所希望、所梦想的结局呢？

老艺人徐立平出生于 1939 年，是山东落子非物质文化遗产传承人，落子的主要乐器是镲和两块竹板。徐立平 12 岁学艺的时候，他的师傅就唱过《孟姜女哭长城》。

山东落子非物质文化遗产传承人徐立平

徐立平说，他师傅唱《孟姜女哭长城》，能把人给唱哭。他依然记得师傅的唱腔："有个姑娘，她叫孟姜女，许配了范杞良，文弱的书生。"

长清是千里齐长城的源头，孟姜女文化在当地具有广泛的群众基础和丰富的历史传承。

济南长清齐长城源头标志雕塑

长城村，过去叫长城铺。明末清初学者顾炎武在《山东考古录》中记载："余过长清县之长城铺，见有杞梁妻祠，乃列圣母娘娘诸像不下十数，而人尚呼之为姜女庙。"

济南长清长城村

如今的长城铺已经寻不到任何庙宇的痕迹。村中的主路就是当年的九省御道，皇帝去泰山都要走这条路。

长城村主路（九省御道）

当时的交通图上都特别注明了齐长城和孟姜女庙的相关遗址，正因为这个原因，齐长城和孟姜女在清朝声名远扬。

琉球，明清时期为中国之藩属国。同治十二年，即1873年春，琉球诗人、进贡都通事蔡大鼎朝贡途经泰安过长城铺北上。他来到长城的时候，专程拜谒了驿道旁边的孟姜女庙，看到庙中一片肃杀苍凉的景象，心中万分感慨，于是写下一首《过孟姜女故里》："良人殉国赋同仇，早寡从今感白头。脂粉凋零遗范杳，长城唯有晚鸦投。"这可能是历史上唯一的外国诗人书写齐长城的诗歌，在文学史上弥足珍贵。

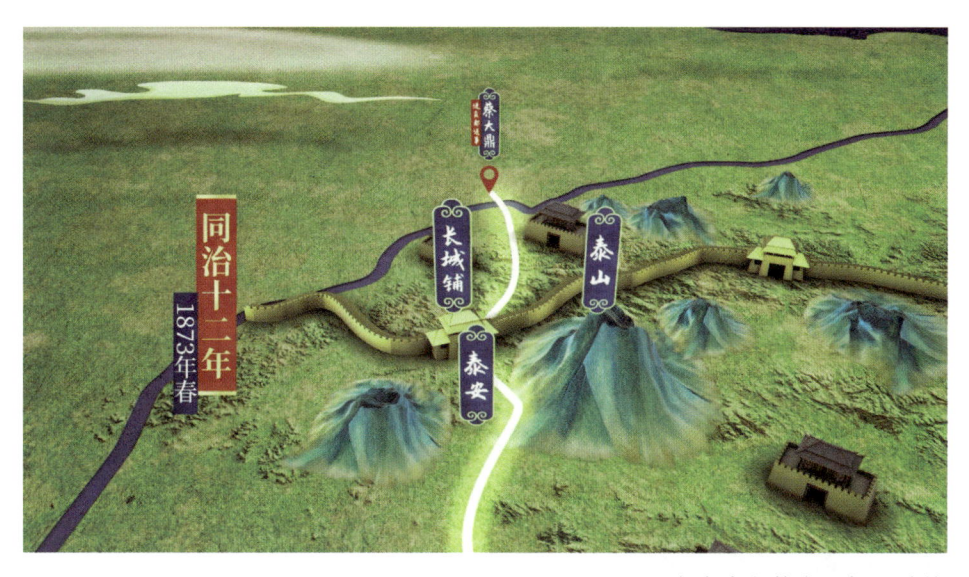

琉球诗人蔡大鼎朝贡路线

以泉水著称的济南号称有七十二名泉，平阴县的洪范池是其中之一。此地泉水文化与孟姜女文化紧密结合，在全国首屈一指。在洪范池旁边有一个姜女池，池上有一座姜女阁。这是济南市内唯一现存的孟姜女祠堂。姜女阁为明朝万历年间东阁大学士、三代帝王师于慎行重修。

于慎行是明朝万历皇帝的老师，他在洪范池休假期间，写了第一部《东阿县志》。在写县志的过程中，他看到这里有姜女阁，感觉到孟姜

平阴孟姜女祠堂

女文化代表的忠、孝、德值得发扬，因此，他捐款修缮了姜女阁。

　　齐长城上的著名关隘城子要塞是淄河上源，当地人说这里是孟姜女投淄水之处。从地理角度而言，淄河和齐长城唯一的交会点就是在城子这一段。这为孟姜女传说中的哭崩长城、投水等情节提供了故事发生地，因此城子要塞也被称为孟姜女传说的主要传承地。

淄川淄河与三台山

城子要塞附近的涌泉村，山势险峻，齐长城以山险墙的形式穿村而过。村里的男女老幼都会唱原汁原味、悲悲戚戚的《孟姜女十二哭小调》。村里组建起了乐队定期演出，孟姜女小调很受欢迎。

淄川涌泉村劈山

淄博市淄川区的孟姜女传说被批准为"国家级非物质文化遗产"。顾颉刚先生曾说过："山东省的中部（淄水到泰山）是一个孟姜女故事的区域。"孟姜女小调在齐长城黄石关附近也有流传，只不过十二哭改成了十哭。

《十哭长城》 2018年

济南莱芜孟姜女民俗博物馆

　　李媛媛，非物质文化遗产策展人，致力于中国非物质文化遗产的宣传推广。2018年，她组织团队拍摄了非物质文化遗产短片《十哭长城》。

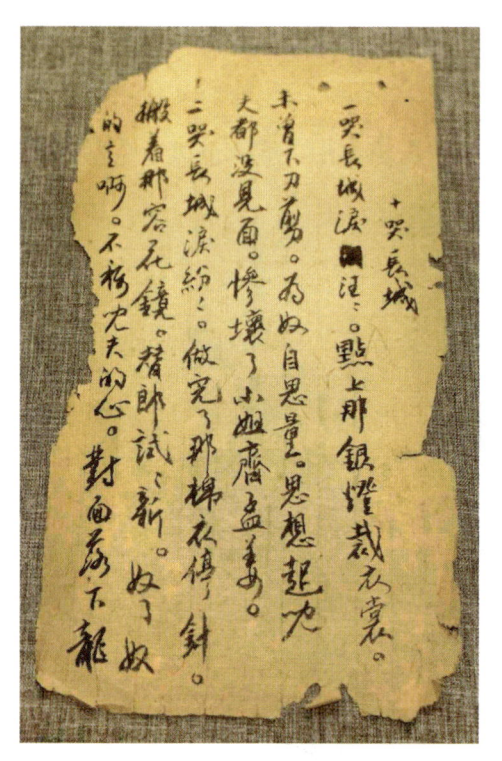

《十哭长城》小调歌词手抄本

　　《十哭长城》的演唱者高奎花，出生于1936年，录制时82岁。黄石关北侧有一个叫三角湾的地方，高奎花就住在这里。

　　《十哭长城》凄切哀婉、缠绵悱恻，是孟姜女哭长城传说的代表性非物质文化遗产。

　　2023年8月，高奎花老人去世，《十哭长城》小调依然在齐长城沿线传唱……

　　黄石关下不仅有后世修建的孟姜女的坟墓，每年寒衣节还有祭祀活动。敦煌写本《捣练子》

第一次明确记录了唐朝时杞梁妻，即孟姜女千里送寒衣的故事。此后每到寒冬来临，人们便焚化寒衣，代替孟姜女祭奠亡夫，并逐渐演变成为亡故的亲人送寒衣、焚纸钱的习俗。到了宋朝，这一习俗被用节日的形式固定下来，就是农历十月初一的寒衣节。

在早期的中国电影中，孟姜女的故事多次登上银幕。1926年，刚刚出道的著名影星胡蝶，主演了无声电影《孟姜女》。1939年，孟姜女的故事被再度翻拍，这一次主演电影《孟姜女》的是著名影星周璇。这说明在20世纪二三十年代，孟姜女传说深受观众喜爱。

中国第一部音乐剧就是取材于孟姜女传说，名字叫《孟姜女》。这部音乐剧是由俄罗斯的作曲家阿隆创作，于1945年11月在上海兰心大戏院上演，八天演了十场，引起非常大的轰动。

中国第一部音乐剧《孟姜女》

中华人民共和国成立后，黄梅戏、越剧、汉剧、莱芜梆子等剧种，都有孟姜女题材的创作演出。

黄梅戏《孟姜女》，由黄梅戏音乐泰斗时白林先生作曲，由剧作家王冠亚先生创作剧本。王冠亚是著名黄梅戏表演艺术家严凤英的先生。《孟姜女》由安徽省黄梅戏剧团首演于20世纪80年代，其中的片段《梦会》和《十二月调》脍炙人口。

国家一级演员夏圆圆在安庆黄梅戏剧团新编黄梅戏《孟姜女》中饰孟姜女

全国30多个剧种演过孟姜女这个题材，所以戏曲界就给这个题材起了一个特定的称谓"孟戏"。

在齐长城脚下的上法山村，有一支民间莱芜梆子剧团，剧团成员的年龄在70岁以上，他们常年坚持走村串户演出，《孟姜女哭长城》是他们演出的主要剧目。据介绍，在一年的时间里，他们就演出了30多场《孟姜女》。

与民间艺术团对孟姜女的痴迷不同，在齐长城脚下的卧云铺村，送戏下乡的专业剧团在细雨中演出的剧目是另一个民间传说《白蛇传》。

孟姜女与白素贞在齐长城护佑下的这片大山里交会。世世代代生活在齐长城脚下的人们热爱这片大山守护的家园，那些包括孟姜女在内的传说故事是他们夏夜里的谈资、冬

《白蛇传》演出

民间莱芜梆子剧团下乡演出

夜里的慰藉。这些传说随着穿越齐长城的商旅车队远去又归来，在关口驻足，在古道流传，逐渐散播开来，成为中华文化口口相传的非物质文化遗产。

我们猜想，剧作家、作曲家、演员们的再创作，一定同时获得了老百姓的情感认同和情绪共振。所以，孟姜女哭长城这个民间传说变成了一个民间文学的重大母题。再加上《白蛇传》《牛郎织女》《梁山伯与祝英台》，这四大民间传说并称四大民间爱情故事，代表了我们中国老百姓一种朴素的情感诉求。

孟姜女的传说是齐长城最具代表性的非物质文化遗产名片。孟姜女究竟是哪里人，哭的哪段长城其实并不重要，重要的是她的传说早已同长城一起成为长城文化乃至中华优秀传统文化的一部分，成为中华民族灿烂辉煌历史的一部分。

第六章
长城寻梦

齐长城源头标志雕塑

设计灵感来源于齐国刀币

时间：
2013 年

位置：
齐长城源头北侧珠珠山

扫码观看纪录片
《齐长城》第六集

引子

1918年春末夏初,一位20岁的青年即将踏上去省城济南求学的旅程。临行前,他登上家乡旁的乔有山,远眺迤逦东去的潍水,南望蜿蜒的齐长城遗迹,心潮澎湃,赋诗咏怀:"沉浮谁主问苍茫,古往今来一战场。潍水泥沙挟入海,铮铮乔有看沧桑。"

三年后,这位怀揣报国之志、救国之梦的青年参加了中国共产党第一次全国代表大会,成为中国共产党的创始人之一,他就是王尽美。

王尽美雕塑

> 王尽美,中国共产党创始人之一、中国共产党第一次全国代表大会代表。其家距齐长城仅千余米。"沉浮谁主问苍茫,古往今来一战场……"投身革命的王尽美以诗明志,矢志报国。马鞍山保卫战,当地百姓也称"齐长城保卫战",27名先烈与日寇英勇搏杀,或浴血沙场、或举枪自戕、或坠崖身亡……距齐长城起点不远的大峰山,泰西抗日烽火在这里点燃。

一

山东省诸城市保存有近40千米的齐长城遗迹,在墙夼水库段齐长城东北方向的千米之外,有一个枳沟镇大北杏村,王尽美就出生在这里的一个佃农家庭。

枳沟镇大北杏村

老宅旁的乔有山并不高大，登上此山，1500米之外的齐长城遗址尽收眼底。1918年，王尽美考入位于济南的山东省立第一师范学校，从此辞别了家乡的山水和齐长城。

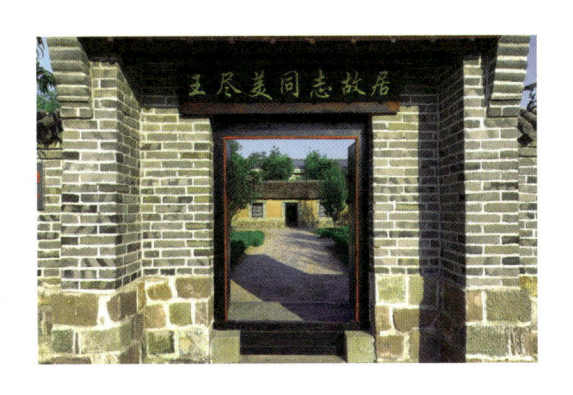

诸城乔有山

1921年中国共产党诞生后，王尽美和同为一大代表的邓恩铭即到齐长城脚下的淄川、博山矿区宣传马克思主义，开展工人运动，创建党的组织。1924年7月，直属中央领导的中共淄博支部成立。淄川革命历史纪念馆的正门上方，有一组巨型浮雕壁画。其中一幅展现的就是王尽美、邓恩铭在淄川开展革命活动的场景。

与王尽美、邓恩铭浮雕并列在一起的，还有一幅马鞍山抗日保卫战浮雕。浮雕的右下方雕刻了一位腿部截肢、拄着拐杖指挥战斗的军人。

他叫王凤麟，原名李芳，黑龙江人，早年留学于苏联，1938年被

马鞍山抗日保卫战壁画

党中央派到山东工作。1941年秋末，王凤麟任八路军山东纵队一旅二团副团长。当部队途经齐长城附近的莱芜吉山时，与日伪军遭遇。在这次战斗中，王凤麟右腿被弹片炸伤，由于医疗条件的限制，后来伤口化脓发炎，最终为了保住生命，医生给他做了截肢手术。

日寇步步紧逼，开始对鲁中山区进行大"扫荡"，我军主力部队数次转移，王凤麟截肢后行动不便，于是来到今天济南市莱芜区的车辐南峪村养伤。后来，王凤麟沿着齐长城秘密东行，最终来到了马鞍山上。

马鞍山海拔616米，位于齐长城城子要塞的东北部，居高临下扼控淄河谷地，与岳阳山、三台山、劈山等崇山峻岭构成齐长城的山险墙。马鞍山

上的古山寨遗址,最早应是齐长城的兵营,后来被当地百姓改造为防御捻军和土匪的避难设施。抗日战争期间,马鞍山山寨成为我党安置伤员和家属、修理枪械、开展游击战争的小后方。

淄川马鞍山

1942年11月9日,1000多名日军和几百名汉奸窜至马鞍山地区开展大"扫荡",强攻地处淄河要冲的马鞍山。这场战役史称"马鞍山抗日保卫战",当地百姓称之为"齐长城保卫战"。

此时，马鞍山上只有一个班的兵力和部分家属及伤员，包括右腿截肢的王凤麟在内只有40余人。面对强敌，马鞍山守山将士毫不畏惧，他们在王凤麟的带领下，依靠地形优势浴血奋战。

南天门下有一个70度的陡坡，共132级台阶，是登顶马鞍山的唯一通道，最窄的地方只能允许一个人通过。当时，八路军战士在南天门坚守，利用地形优势阻击敌人，日伪军利用武器和人数多的优势往前冲，但始终没有冲上去。

南天门下陡坡

夜色将至，枪声渐渐停歇，激战一天的马鞍山呈现出片刻宁静。这时，一个身影避开敌人的包围，悄悄攀上山顶。他叫董恒德，是我党益、临、淄、博四县联合办事处公安局干部，也是一位有着十多年地方部队作战经验的战士。

董恒德从后山上去以后，给王凤麟汇报山下的情况，说山下村庄里都住满了敌人，敌人已经封锁了所有的道路。董恒德看到山上我军势单力薄，形势严峻，就没有下山，下定决心和山上的同志并肩作战，与日伪军战斗到底。

在第二天的战斗中，敌人的一架飞机投下了炸弹，董恒德腹部

中弹，他捂着肚子继续作战，直到壮烈牺牲。

1942年11月10日傍晚，日寇占领了南天门。王凤麟考虑怎么样让家属逃生，逃出一个算一个。

敌人大都集中在南天门下，后山防卫较弱。王凤麟让战士们把棉布撕成布条搓成绳子，拴好后坠着下山。

他们一致同意让冯毅之的妻子孙玉兰和她的三个孩子先下山，当大女儿冯新年抱着小妹妹冯平洋（1岁）、领着二妹妹冯芦桥（5岁）准备下山时，敌人的一发炮弹从天而落，大女儿冯新年倒在了血泊中。

孙玉兰抱起小女儿冯平洋，让二女儿冯芦桥趴在她背上，然后用另外一只手拉着绳子往下滑，因为当时情况太紧急，山崖太高，她们三个当场就摔下去了。

孙玉兰的丈夫冯毅之，山东青州人，1930年加入中国共产党。1937年"七七事变"后，冯毅之受组织派遣，在淄河流域组织抗

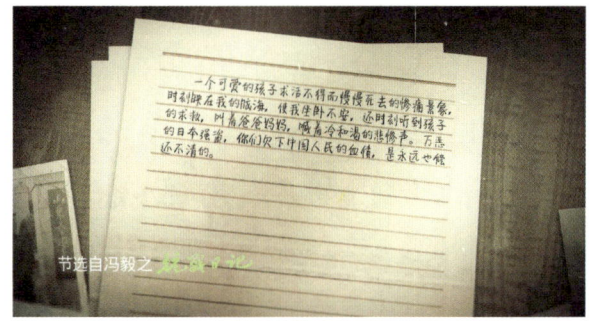

日游击队，后来编入八路军四支队新一营。中华人民共和国成立后，冯毅之曾担任山东省委宣传部文艺处处长，山东艺术学院党委书记、院长等职。2002年，冯毅之去世。

冯毅之在日记中根据战役幸存者王德善的回忆这样记述道："王得善说，芦桥（二女儿）当时并没摔死。夜里我在悬崖上还时常听到她的哭声和呼叫声。一个可爱的孩子求活不得而慢慢死去的惨痛景象，时刻映在我的脑海里，使我坐卧不安，还时刻听到孩子的求救声，她叫着爸爸妈妈、喊着冷和渴的悲惨声。万恶的日本强盗，你们欠下中国人民的血债，是永远也偿还不清的。"

在这场齐长城保卫战中，冯毅之的父亲、妹妹、妻子和三个年幼的女儿均壮烈牺牲。

身受重伤、拖着残腿的王凤麟副团长面对蜂拥而上的敌人，宁死不做俘虏，他把最后一颗子弹射向了自己。

两天一夜的激战过后，27名英雄壮烈牺牲，其中多名战士宁死不屈，舍身跳崖，堪比"狼牙山五壮士"。日寇被打死打伤的有200余人，最后收获的只是一个空山头。

马鞍山烈士雕塑

青山埋骨，长城铸魂，英雄故事代代传颂。

硝烟散去，炮火中倾毁的齐长城古山寨依然有迹可循，行走在曾染过先烈血迹的马鞍山上，齐鲁儿女决死抗敌、气贯长虹的英风豪气仿佛还在山间回荡。如今，这里已经成为国家级抗战纪念地。

1947年2月的莱芜战役中，陈毅、粟裕指挥华东野战军在齐长城脚下排兵布阵，运用大规模运动战，分割围歼敌人，彻底粉碎了国民党军的"鲁南会战"计划。

莱芜战役当中非常重要的一个环节就是锦阳关阻击战。

锦阳关阻击战有两个任务，一个任务是防止李仙洲部北逃济南，另一个任务是阻止王耀武从济南派兵南下。

当时，华野10纵宋时轮司令员亲率28师通过山路连夜抢占了锦阳关，控制了齐长城上的制高点。

第二天驻在章丘的国民党 96 军南下增援，随即遭到我军 28 师的顽强阻击，激战 8 个小时，敌人也未能突破我军防线。锦阳关阻击战为在莱芜地区完全消灭李仙洲兵团起到了至关重要的作用。

莱芜战役历时 3 天，华东野战军歼灭国民党军 5.6 万余人，乘胜解放了博山、淄川等 13 座县城，把渤海、鲁中、胶东解放区连成一片。

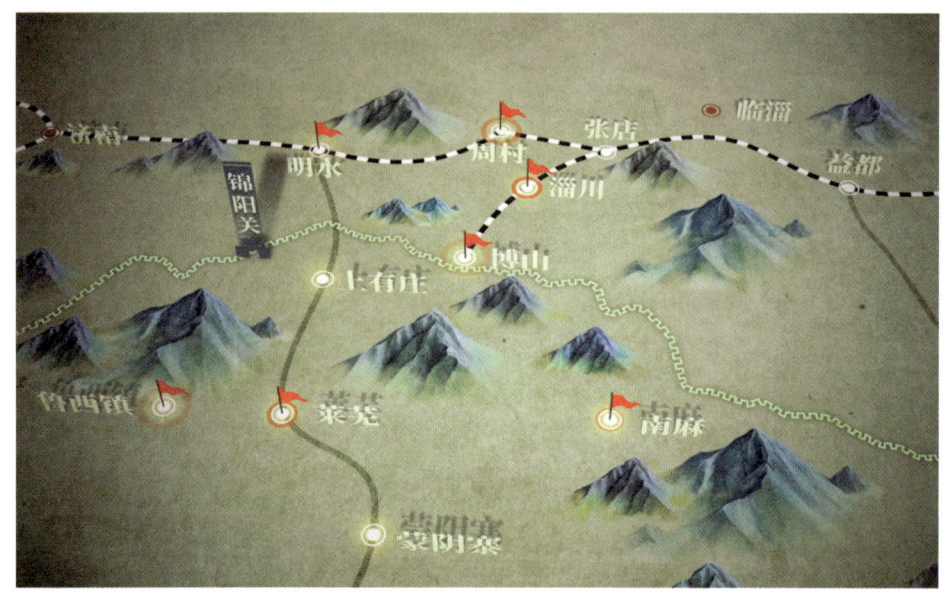

解放区示意图

大峰山革命根据地是八路军泰西革命根据地的一部分，地处齐长城西部源头。这里的崇山峻岭沟壑纵横、植被茂密，齐长城墙体及沿线山寨为我军宿营、打游击、隐蔽自己提供了有利条件。

大峰山不远处的阳干山上，有沿着源头逶迤而来的古老齐长城，由于年代久远、风雨剥蚀，齐长城的石筑身躯已不再巍峨挺拔，可生活在这片土地上的人们依然像呵护红色遗迹一样呵护着齐长城。

济南长清阳干山段齐长城

1984年,"爱我中华,修我长城"公益活动风靡全国,齐长城沿线的许多有识之士以高昂的热情徒步考察丈量齐长城。他们中大多数人并非专业人士,但却用汗水和第一手资料填补了一大批齐长城史料空白。40年过去了,当长城国家文化公园山东段(齐长城)建设全面铺开,这些资料更显得弥足珍贵。

二

2006年,山东艺术学院原副院长胡德定第一次来到长清大峰山,就被石头垒砌的长城遗址震撼了。从此,胡德定开始拍摄齐长城。在他的镜头下,齐长城壮丽巍峨,云蒸霞蔚,风光无限。

山东艺术学院原副院长胡德定

济南长清杜庄山寨遗址

胡德定18年来拍摄了20多万张影像资料,已经出版了两本齐长城画册。因为拍摄齐长城,胡德定六次自驾考察齐长城全线,他对齐长城的历史和现状如数家珍,被誉为齐长城的"活地图"。

胡德定在拍摄齐长城的过程中,目睹了沿线乡村的变化,发现了齐长城的震撼之美。在胡德定开始拍摄齐长城之前,早在1995年,齐鲁大地的新闻记者们已经把目光聚焦在齐长城之上了。

清朝的姚鼐在散文《登泰山记》中记录了一条古老的长城:

泰山之阳,汶水西流;其阴,济水东流。阳谷皆入汶,阴谷皆入济。当其南北分者,古长城也。最高日观峰,在长城南十五里。

余以乾隆三十九年十二月，自京师乘风雪，历齐河、长清，穿泰山西北谷，越长城之限，至于泰安。是月丁未，与知府朱孝纯子颍由南麓登。四十五里，道皆砌石为磴，其级七千有余。

泰山之阳，汶水西流；其阴，济水东流。阳谷皆入汶，阴谷皆入济。当其南北分者，古长城也。最高日观峰，在长城南十五里。

姚鼐《登泰山记》

唐文芳，原莱芜日报社副总编辑。他读了姚鼐的《登泰山记》后，才知道在山东还有一条很古老的长城，叫齐长城，而且齐长城从泰山北麓蜿蜒至莱芜，莱芜段齐长城的长度为50多千米。

1995年，唐文芳与记者康与民一起徒步考察莱芜段齐长城，用尼龙绳每40米为一节，测量了128座山头，得出了莱芜段齐长城长度为57.83千米的精确数据，同时在报纸上撰写系列报道。《长城行》这本书记录了他们丈量齐长城的过程。

唐文芳与康与民的这次

第六章 长城寻梦

考察，是有关齐长城的考察当中首次由新闻记者完成的徒步考察，开创了一个先河。

1997年，山东省泰安市五位退休老人组成考察队，翻山越岭，风餐露宿，历时一年，自费徒步考察了齐长城全线。他们发挥各自所长，在齐长城研究、保护、宣传等方面做出了突出贡献。

出生于1939年的李继生，是"泰山五老"里面年龄最小的，考察开始时他58岁。李继生他们用100米的尼龙绳，一步一步丈量，获得了齐长城长度为618.9千米的数据。后来，山东省文物局使用更精准的测绘工具，得出齐长城的长度是641.322千米。虽然两者测量的数据有差异，但是"泰山五老"的人工测量，却是历史上第一次得出齐长城的精确总长度。自此之后，齐长城再也不用以"千余里"来含糊称谓了。

齐长城文化研究专家李继生

昔日烽火台　　今日烽火台

"泰山五老"对齐长城的实地调研填补了两项空白：一是勘查确定了齐长城的总长度，二是明确了齐长城的起始点。

他们通过考察确定，现在的长清孝里街道广里村就是齐长城的起点。而且，他们还在那里树立了齐长城起点标志碑。齐长城入海处在青岛东于家河村。他们考察时发现那里有一个十几米的土台子，根据史料记载和当地百姓的传说，结合他们亲自考察丈量的结果，"泰山五老"确定那里就是齐长城入海处。

济南长清广里段齐长城源头

齐长城入海处烽火台

"泰山五老"对后续齐长城的研究与保护起到极大的推动作用。

时任《淄博晚报》摄影部主任的孙伟庆，通过新闻媒体看到"泰山五老"徒步考察齐长城的报道之后，抑制不住内心的创作冲动。他决定用影像记录齐长城，用影像为齐长城立传。

2006年，孙伟庆带领一支五人组成的采访队，利用100天时间，完成了"走近齐长城"系列宣传报道。由此，孙伟庆和齐长城结下了不解之缘。

孙伟庆在拍摄中

在调查中，孙伟庆发现，淄博地区有一种特殊的墙体，当地百姓称之为"遮断墙"或"遮断线"。这种墙体很容易和齐长城混淆，由日本侵略者强征民夫修建于抗日战争时期，主要目的是分割根据地和敌占区，从而便于掠夺淄博地区的煤炭等矿产资源。

遮断墙遗址

孙伟庆的好友焦波是中国著名摄影家和纪录片导演，以《俺爹俺娘》系列作品蜚声海内外。焦波对长城的记忆，始于小时候父亲的启蒙教育。

焦波的父亲很早就对他说："万里长城万里长，拿条尺子量一量。

量了三年六个月，长城到底有多长……山海关前多景致，八达岭上好风光……"这些童谣一般的诗句引发了焦波对长城的向往。虽然工作之后，焦波来到北京，与万里长城多次亲密接触，但是他对长城最生动的记忆还是停留在家乡。

焦波的家乡在山东省淄博市博山区岳阳山脚下的天津湾村。孙伟庆因为拍摄齐长城，对这片养育了淄河儿女的秀美山川有了更深刻的了解，他告诉了焦波一个秘密。

摄影家、纪录片导演焦波

他说："焦老师，你知道吗？你家北边那个岳阳山就是齐长城，那里没有人工建筑的墙体，是以险峭的山体作长城的墙体。"

曾经远在梦里的长城，突然间来到了自己身边，焦波十分惊喜。从此，焦波对家乡的牵挂，除了父亲母亲、乡里乡亲，还有巍巍齐长城。

焦波说，他没有想到，自己家乡旁的大山竟然还是齐长城。他陶醉地说："在我家乡的大山里，每天晚上搂着'长城的脖子'睡觉，那种感觉太美了。"

2024年5月11日，由燕山大学主办的"第二届长城学论坛"在河北涞源开幕。

论坛期间专门举行了"齐长城专题研究"沙龙。专家学者围绕齐长城研究、保护、开发、利用等内容各抒己见。

山东省文物考古研究院副研究馆员张溯在会上发言，他承担的主要业务工作第一个是齐长城项目，第二个是城子崖项目，都是"考古中国"的重大课题。

张溯与齐长城的渊源始于2008年，那一年，山东省文物局对齐长城进行了第一次全线野外资源调查，张溯参与其中。

这次调查，工作人员对齐长城的结构特征、走向、长度、保存现状、修建年代等信息进行了全面采集，取得了丰硕成果，调查报告以《齐长城志》的形式出版发行。

2011年2月，原山东省文物考古研究所对齐长城源头遗址进行了考古勘探，首次探明了城墙的确切位置和长城本体的绝对宽度，为齐长城源头的保护展示提供了科学依据。今天，齐长城源头的夯土长城已经被悉心保护起来，矗立在这里的世界文化遗产碑，向人们宣示着齐长城的历史文化价值。

济南长清陡岭子山段齐长城

矗立于齐长城源头的齐长城雕塑，设计灵感来源于齐国刀币，是齐长城沿线第一座标志性建筑。设计者房立民选取了六种齐国刀币，用它们组成一个立体的"齐"字，这个"齐"字坐落在齐长城源头北侧珠珠山山顶。

济南长清齐长城源头标志雕塑

珠珠山位于齐长城源头的东北方向，千里齐长城从珠珠山脚下向东延伸，因为年代久远，夯土墙体已经大部分消失，但基址尚存。2005年，国家重点干线工程济广高速公路要经过这段夯土城墙遗址。为了保护齐长城，工程方反复修改设计施工方案，最终确定通过架设高架桥的方式跨过齐长城遗址。

2024年5月，经国家文物局批准，

济广高速公路

山东省文物考古研究院主持的齐长城考古挖掘工作，在珠珠山东侧正式展开。张溯作为该项目领队，奋战在考古一线。他要通过考古发掘，揭示齐长城的地下密码，为齐长城的科学保护、活化利用提供专业依据。据张溯介绍，目前在齐长城的内侧，也就是北侧，发现了一个东周时期的聚落遗址。这个遗址揭示的地层都是战国时期的，跟齐长城有时代上的共存关系，可能与齐长城的防御有直接的关联，是驻守将士修建的房址、军营一类的建筑基址。

齐长城考古挖掘现场

这些深埋地下的泥土，曾承载过春秋的车轮、战国的铁骑，见证过齐长城边塞的烟火和胜利的呐喊，也蕴含着两千多年前古人筑造长城的哀怨与叹息。

截至2024年12月，山东省文物考古研究院对齐长城的考古挖掘面积达到1100平方米。张溯他们惊喜地发现，齐长城墙体分四期建造，其中最早期的城墙宽度约10米。这个关键发现，首次证实齐长城始建时间能追溯到西周末期至春秋早期，再一次证实了齐长城是我国现存年代最早、保存状况最好的早期长城，这里就是中国长城最早的起源地。这次考古挖掘，对厘清中国长城体系的起源和发展路径具有里程碑意义，同时也揭示了齐国早期军事防御体系的复杂性与先进性，反映了齐国高超的军事规划水平。

齐长城源头考古成果被列为2024年度山东省五大考古新发现。

齐长城的地下密码会随着考古发掘的推进一点点破解。齐长城的地上遗迹，作为齐鲁大地最庞大的地表文物，也一直受到齐鲁儿女的精心呵护。

2022年9月,《山东省齐长城保护条例》颁布实施,几条省内重点公路项目为齐长城让道绕路,现存的遗迹遗址派专人维保巡视,重点点位拉设钢网护栏。在保护好文物的前提下,一批与文旅非遗相关的项目得以开发,齐长城沿线的古道古村古山寨成为人气爆棚的网红打卡点。行走在齐长城国家步道上,苍翠的青山和丰饶的田野装点着长城两边,目之所及,一派生机盎然,郁郁葱葱。

三

  钉头崖段齐长城,保存了最原始、最壮观的石砌长城的样貌。原址墙体虽已大部分坍塌,但依然残存两米多高的遗迹。2022年10月,钉

济南长清钉头崖段齐长城

头崖段齐长城的保护工作正式实施。本次施工，经过国家文物局严格审查、批复了方案以后由济南市长清区文化和旅游局组织实施，本着"修旧如旧"的原则，从墙体本身维护、国家步道建设、树立齐长城标识碑三个方面进行。

包括钉头崖段在内，截至2023年，山东已累计修缮齐长城20余段。2022年9月，山东省颁布《山东省齐长城保护条例》，该条例自2023年1月1日起施行。按照该条例，齐长城沿线初步形成了县、乡镇、村三级保护网络，现已有860多位齐长城保护员定期对长城沿线开展巡查。

已修缮的齐长城

王守学家住齐长城源头所在的济南市长清区孝里街道，他痴迷于齐长城研究，是中国长城学会为数不多的农民会员，同时也是齐长城巡护员。

王守学不仅勘察保护家门口的世界文化遗产，还撰写研究文章。他的文章被发表在省级刊物上，字里行间都折射出他对齐长城的热爱。

放下锄头，拿起笔头，庄稼汉王守学的职责与梦想就是守望齐长城。

淄博市淄川区西河镇护宝泉村的三位齐长城巡护员正在进行他们的巡护工作。

齐长城巡护员正在开展巡护工作

　　巡护员们的手机上都安装了齐长城巡护手机应用软件，巡护中发现任何问题都可以第一时间上报。

　　巡护员们提交的信息，都汇聚到山东省文化和旅游厅的齐长城智慧化数字监控系统总调度室，这里可以迅速直观地了解齐长城全线每一个点的情况。

　　2019年7月，中央全面深化改革委员会会议审议通过了《长城、大运河、长征国家文化公园建设方案》，以锦阳关为核心打造的齐长城国家文化公园正在紧锣密鼓地建设。

　　齐长城国家文化公园（锦阳关段）是山东省第一个长城国家文化公园。中国长城学会副会长董耀会参与主持评审了山东省的长城国家文化公园规划。他说："国家为什么

中国长城学会副会长董耀会

齐长城国家文化公园（锦阳关段）

建文化公园？其实不外乎两点：一是打造国家文化的战略高地，弘扬优秀的传统文化，坚定文化自信，这是文化的一点；二是推动长城区域的经济发展。"

青岛徐山段齐长城地处闹市区，文旅部门在实际运作中探索出了一条文物保护、活化利用、沉浸式体验相结合的路子。在长城的两侧预留出了五米的步道，另外，还开发出很多面向青少年的研学活动环节。

青岛徐山段齐长城

上海复旦大学资深教授葛剑雄认为，现在除了万里长城以外的其他长城都成了遗迹，这些遗迹遗物是没有观赏性的。所以，他主张在保护好文物的前提下，在遗址周边可以开发一些非文物的相关娱乐项目。公园肯定要尽量使公众在这里娱乐，在这里受教育，在这里进行各种活动。

以长城国家文化公园建设为引领，齐长城沿途的一些特色村落和精品项目如同一颗颗珍珠被串联起来。

被齐长城拥入怀中的七星台有济南最美的星空，《国家地理》杂志公布的最佳夜空摄影作品就取自这里。星汉灿烂，那是齐鲁文明之光在闪烁……

济南章丘七星台夜景

齐长城青石关齐鲁古道旁的马杓湾村，这个入选中国传统村落的特色古村迎来了清华大学乡村振兴工作站的同学们。

清华大学建筑系的学生们

清华大学建筑系的学生们对这个古村进行了"整旧如新、凸显特色"的规划设计，中国最高学府的学子们在这里参与了最接地气的社会实践，亲身经历了乡村"蝶变"的全过程。

2024年，整修一新的马杓湾村迎来又一批研学的小客人。他们在山间寻古，研读碑刻拓片，体验清华大学建筑系师生设计的民宿，感悟历史沧桑与现代时尚，汲取绵绵不绝的中华文化精髓。

依托齐长城风门道关海拔700米的山势和历史文化资源，莱芜茶业口镇的卧云铺、逯家岭等五个小山村将民宿开到了山顶，这

马杓湾民宿

卧云铺民宿

济南莱芜逯家岭村

　　里的崖上古村和云中人家已成为乡村文旅融合发展的亮点和增长点。

　　又到一年麦收时节，齐长城源头的济南市长清区"小麦机收减损技能大比武"正在进行。2600年前的巨防长城和古湄湖已被今天金色的麦浪覆盖。28岁的朱国庆，作为新一代农民，正驾驶着收割机奔忙在家乡这片古老的土地上，采撷耕耘的富足，

收割机奔忙在曾经的古湄湖上

收获乡村振兴的喜悦……

还是这个收获的季节，2023首届齐长城特色农副产品展销会暨齐长城民俗文化大集，在诸城茁山拉开帷幕。

诸城茁山民间齐文化活动

齐长城锦阳关北侧的济南市章丘区石子口村，曾经是一个村集体收入为零的市级贫困村。村党支部书记王化伟上任后，注册成立了齐长城农产品专业合作社，村里生产的小米、核桃、花椒因为齐长城的光环加持，销量大增。2017年，石子口村引进第三方公司，流转闲置院落40余户，打造外朴内秀的山居民宿，目前年接待游客达15万人次。

石子口村的齐长城文化艺术节已经连续举办了五届，从石子口村中开出的"长城号"小火车载着游客穿越田野，抵达齐长城脚下。

齐长城文化艺术节

"长城号"小火车

　　石子口村村民依托齐长城，实现了脱贫致富、乡村振兴的梦想。

　　王化伟就像当年戍守齐长城的将士一样，为了实现身后这片土地的安宁与幸福，与日月对望，与长城相守，初心不改，梦想不灭。

　　长城，从一开始的军事防御工程，到后来成为一个凝聚民族精神的重要载体。这个时候，长城精神就变成了中华民族的精神。长城文化、长城精神所代表的中华优秀传统文化是一个典范，是一面旗帜。

多少代人筚路蓝缕，用血肉筑起长城；新时代的人们要踵事增华、赓续前行，托举起民族复兴的中国梦。